Ernst Crameri

Fange endlich an zu leben

Du hast kein ewiges Leben, auf was willst Du noch warten?

Nimm endlich Dein Leben in die eigenen Hände
und mache eine Meisterleistung daraus

Bibliografische Information der Deutschen Nationalbibliothek:
Die Deutsche Nationalbibliothek verzeichnet diese Publikation in der Deutschen Nationalbibliografie; detaillierte bibliografische Daten sind im Internet über < http://dnb.d-nb.de > abrufbar.

Crameri-Naturkosmetik GmbH Beauty&Wellness
Satz, Umschlagdesign und Herstellung: Books on Demand GmbH, Norderstedt
ISBN: 978-3-86689-001-5

Inhaltsverzeichnis

Vorwort

Sinn dieses Buches

Als Fachautor, Trainer, Lebenscoach und Ganzkörperspezialist mache ich mir viele Gedanken, über den einzelnen Menschen. Was ihn motiviert, jagt, quält, inspiriert, sorgt, glücklich macht und vieles mehr. Es ist wahrlich nicht immer einfach, Mensch zu sein – vor allem ein glücklicher, der mit sich und seinem Leben im Reinen ist.

Das Gegenteil ist leider fast überall der Fall. So viele unglückliche Menschen gehen durch das Kostbarste, was ein Mensch haben kann, das eigene Leben! Eines Tages wird unser Leben vorbei sein und unsere größte Aufgabe ist in der Tat, Sorge zu tragen, dass wir im Alter nicht wie viele ältere Menschen sagen: „Wenn ich das alles gewusst hätte! Das soll alles gewesen sein?" Dies wäre wahrlich mehr als schrecklich.

Ich finde es großartig, dass Sie dieses Buch gekauft haben. Ein klares Zeichen, dass Sie sich mit dem Thema beschäftigen und es Ihnen nicht gleichgültig ist, wie das Spiel des Lebens bei Ihnen ausgehen wird. Ja, Sie haben völlig Recht, es ist so etwas von wertvoll und kostbar, dass Sie einfach nichts dem Zufall überlassen, sondern die Dinge sofort in die eigenen Hände nehmen.

Es lohnt sich für alle, endlich aufzuwachen und nicht mehr abzuwarten, dass sich die Dinge in irgendeiner Form zum eigenen Wohle ändern werden. Dieser ewigen Hoffnung und der daraus resultierenden Enttäuschung, gehört endlich und für immer ein Ende gesetzt.

Ich wünsche Ihnen dabei ganz viel Erfolg und vor allem viele wichtige Erkenntnisse, auf Ihrem Lebensweg! Den Willen, die entscheidenden Dinge klar und deutlich erkennen zu können. Dadurch in der Lage sind, mit der nötigen Power, entsprechende Maßnahmen zu Ihrem Wohle einzuleiten.

Über eines sind wir uns im Klaren, von alleine wird sich rein gar nichts tun. Es benötigt unbedingt Ihre Mithilfe! Dem vorausgeschickt, Ihre klare Entscheidung, die Dinge anzupacken und so lange dran zu bleiben, bis Ihre Bemühungen von Erfolg gekrönt sind. Ein traumhaftes Unterfangen, das ich jedem Menschen nur von Herzen wünschen kann, dass er es auch entsprechend umsetzt.

Fangen Sie heute an, die Dinge in die Wege zu leiten. Gas zu geben, ohne lange nach rechts und links zu schauen. Machen Sie aus Ihrem Leben, bis zu Ihrem Lebensende eine große Meisterleistung! Was kann es Schöneres geben?

Ich wünsche Ihnen ganz viel Spaß bei der Umsetzung. Sie werden schöne, erheiternde Momente erleben. Ebenso traurige und sich dadurch hinterfragen und zweifeln. Lassen Sie dies unbedingt zu, es ist ein fester Bestandteil jeden menschlichen Lebens hier auf Erden.

Möchten Sie mehr über Erfolg und die ganzen Mechanismen wissen, stehen wir Ihnen gerne zur Verfügung. Mit Seminaren der unterschiedlichsten Art, und auch mit Privat- oder Business-Coaching, in denen wir ganz speziell auf Sie eingehen.

Nehmen Sie Ihr Leben in die eigenen Hände. Packen Sie es an! Überlassen Sie nichts mehr dem Zufall.

Herzlichst

Ihr Ernst Crameri

Gebrauchsanweisung für dieses Buch

Sie haben dieses Buch gekauft, weil Sie der Titel angesprochen hat. Dabei haben Sie ganz bestimmte Erwartungen und hoffen natürlich, dass sich durch diese Lektüre einiges ändern wird. Genau aus diesem Grunde müssen wir vorher noch ein paar Dinge klären, damit das Buch Sie auch tatsächlich zum Erfolg führt.

Das Thema lautet: Anwenden

Bitte seien Sie sich im Klaren darüber, dass das Lesen dieses Buches allein noch zu keiner einzigen Veränderung führen wird. Sie müssen vielmehr die Dinge die Sie lesen, verstehen und damit einverstanden sein. Besser ausgedrückt: Sich damit identifizieren! Dann folgt die Umsetzung. Dazwischen stehen jedoch einige Hürden, die Sie nehmen müssen. Ansonsten wird einmal mehr alles bleiben, wie es bisher war.

Neue Inputs

Es werden neue Inputs auf Sie einströmen. Informationen, von denen Sie noch nie gehört haben, oder mit denen Sie nicht einverstanden sind. Manchmal werden sich Ihnen die Nackenhaare sträuben, weil Sie andere Glaubenssätze und Gewohnheiten Ihr Eigen nennen. Das ist gut so, die Frage ist nur, was machen Sie jetzt daraus? Lesen Sie mehr über die Glaubenssätze, in einem der nächsten Kapitel.

Wie gehen Sie damit um

Sie haben jetzt zwei Möglichkeiten: Wenn Sie es so machen wie die meisten Menschen, werden Sie sich über die einzelnen Kapitel oder Themen, mit denen Sie nicht ganz konform gehen, echauffieren und diese ablehnen. Oder Sie lassen die Informationen erst einmal als eine neue Sicht der Dinge stehen, ohne sie zu be- oder verurteilen.

Tun oder lassen

Entweder setzen Sie die Dinge, die Sie hier lesen, entsprechend um oder Sie lassen es! Dazwischen gibt es nichts. Dies sollte man klar und deutlich erkennen. Das Schlimmste was passieren kann, ist die so genannte Halbschwangerschaft.

Halbschwangerschaft

Einer der schrecklichsten Momente, im Leben jedes Menschen. Mal sind Sie schwanger und dann wieder nicht. Das ist weder noch! Es zerreißt den Menschen nahezu innerlich. Der Volksmund sagt dazu: „Weder Fisch noch Fleisch!“ Einfach nicht zu wissen, was man genau will und was nicht.

Entweder Ja oder Nein

So lautet die klare und deutliche Devise für Sie. Entweder können Sie mit dem Gelesenen umgehen, oder nicht. Wenn ja fangen Sie an, Ihr Leben Stück für Stück umzukrempeln! Wenn nein, werfen Sie das Buch gleich weg. Sie haben mit Sicherheit schon für viel dümmere Sachen Geld zum Fenster hinaus geworfen.

Keine Garantie

Es gibt keine Garantie und Rechtsanspruch auf Erfüllung. Es liegt alles in Ihrer Hand, was Sie tun werden und was nicht. Tragen Sie dafür die Verantwortung, wie es nun einmal erwachsene Menschen tun.

Sie haben alle Chancen

Sie haben alle Chancen dieser Erde. Ist das nicht traumhaft? Alle Möglichkeiten, packen Sie es einfach an. Warten Sie nie mehr darauf, dass sich Dinge oder Umstände ändern, sie werden es nicht von alleine tun. Werden Sie zum Designer Ihres eigenen Lebens!

Fangen Sie heute noch an

Viele Menschen warten immer auf bessere Zeiten, entsprechende Umstände, bei denen sie loslegen werden. Kennen Sie das auch? Wie oft wollten Sie loslegen, nicht schon alles getan und erreicht haben?

Ja, aber …

Auf diese Fragen, kommt fast immer ein großes „Ja, aber …!“ Die „Ja – Aber – Geschichten!“ sind das Dümmste, was Menschen tun können. Es gibt kein „Ja, aber!“ Wenn Sie etwas möchten, wirklich möchten, tun Sie es einfach. Wenn nicht, lassen Sie es! Sie werden dadurch wesentlich ruhiger und zufriedener leben.

Führen Sie keine Grundsatzdiskussionen

Das Schlimmste, was Sie machen können, sind Grundsatzdiskussionen zu führen. Sicherlich kennen Sie das Prinzip und haben selbst schon welche geführt. Fazit: „Dabei gibt es nur Verlierer und niemals Gewinner!“

Haben Sie das nötig

Ich denke nicht! Ich bin davon überzeugt, dass Sie klug genug sind, sich diese zu schenken. Das Leben ist viel zu wertvoll, um es mit Debatten zu verbringen. Nutzen Sie Ihr Leben für Wertvolleres! In erster Linie, um den eigenen, idealen Lebensweg zu finden und ihm zu folgen.

Wer diskutiert, hat zu viel Zeit

Wenn Sie rechtschaffen sind und in Ihrem Leben einiges erreichen möchten oder schon haben, ist wahrlich keine Zeit mehr für eine der unfruchtbarsten Dinge (Grundsatzdiskussionen) vorhanden.

Wer hat Recht

Das ist immer wieder die große Frage. Jeder glaubt aus seiner Sicht Recht zu haben. Wie wollen Sie die Sicht des anderen beurteilen, wenn Sie nur Ihre eigene kennen? Hierzu gibt es eine alte Indianerweisheit: „Laufe erst einmal eine Meile in den Mokassins des anderen!“ Das wäre wunderschön, nur wer macht das schon?

Beispiel blinde Menschen

Nehmen Sie vier blinde Menschen und einen Elefanten. Eine Person stellen Sie an das hintere Bein. Den Nächsten an den Schwanz, den Übernächsten an den Rüssel und den Letzten an einen der Stoßzähne. Jetzt fragen Sie jeden Einzelnen, was er spürt. Jeder wird Ihnen etwas anderes berichten. Wer hat Recht? Alle! Soll man jetzt darüber diskutieren, wer Recht haben könnte? Es ist das Unfruchtbarste und die größte Zeitverschwendung für jeden Menschen. Genau nach diesem Prinzip gehen die meisten jedoch vor.

Den anderen in Ruhe lassen

Wenn Sie dieses Prinzip erstmal verinnerlicht haben, geht es Ihnen und Ihren Mitmenschen wesentlich besser. Sie alle leben fortan in Frieden und Harmonie. Ist das nicht wunderbar? Das sind beinahe paradiesische Zustände, hier auf unserer Erde.

Haben Sie Mut

Das ist eines der großen Probleme: Ein Großteil der Menschen wurde leider mit Angst erzogen. Angst ist ein Machtmittel in der Familie, im Kindergarten, in der Schule, Kirche, Lehre, Partnerschaft, im Staat, um nur einige aufzuführen. Es ist eine der schlimmsten Manipulationsformen, mit Angst zu operieren. Jedoch ein probates Mittel, denn es funktioniert sehr gut.

Angst lähmt

Sie lähmt, blockiert und hindert uns daran, voran zu kommen. Als kleine Kinder hatten wir sehr wenig, bis gar keine Angst. Wir sind völlig wertneutral ins Leben gegangen. Die Angst kam erst später! Sie entstand durch Vorleben und Drohungen, was alles passiert, wenn wir nicht gehorchen. Als Kleinkinder sind wir natürlich sehr aufnahmefähig und saugen solche Sätze wie ein trockener Schwamm auf. Schon ist es passiert, durch die ständigen Wiederholungen sind negative Glaubenssätze verankert worden.

Permanente Wiederholung

Hinzu kommt, dass all diese Institutionen nimmer müde werden, Dinge zu wiederholen, und als die alleinige Wahrheit zu vermitteln. Hier liegt das große Machtpotential: „Ständige Wiederholung schafft Wirklichkeit!" Irgendwann ist es soweit und wir glauben daran. Erkennen es als die alleinige Wahrheit, ohne Wenn und Aber. Das ist der Moment, der so genannten Selbstaufgabe! Schade und mehr als traurig, wenn es soweit gekommen ist. Vor allem ist es unnötig, ungerecht und auch fies, andere Menschen um die großartige Chance der eigenen, positiven und lebensbejahenden Entwicklung zu bringen. So etwas tut man nicht!

Arm an Mut

Das ist das, was übrig bleibt. Ein ganz ganz trauriges Kapitel in der Geschichte der Menschheit. Auf die Welt gekommen, voller Hoffnungen,

Mut, Motivation und durch die Umwelt klein und unwichtig gehalten, zum eigenen Wohle der Manipulatoren. Denken Sie stets daran:

Wer arm an Mut ist, landet zwangsläufig in der ARMUT!!!

Denken Sie darüber nach

Lassen Sie diese Aussage immer und immer wieder durch Ihren Kopf gehen. Deutsch ist eine wunderbare Sprache und beinhaltet bereits die Wahrheit. Wenn Sie arm an Mut sind, landen Sie zwangsläufig in der Armut. Das können Sie nicht verhindern.

Armut in allen Bereichen

Viele Menschen glauben, Armut hätte nur etwas mit Geld zu tun. Dem ist nicht so. Armut kann es in allen Lebensbereichen geben. Beziehung, Seele, Geist und vieles mehr. Nur was völlig frei ist, kann sich auch entfalten und wachsen. Vergleichen Sie es mit einem Baum: Wenn dieser rundherum zubetoniert wurde, ist kein Wachstum mehr möglich und er wird langsam, aber sicher eingehen.

Was will ich

Das ist die ganz große und letztlich alles entscheidende Frage. Wenn ich mir diese nicht stelle, habe ich keine Chance, eine Meisterleistung aus meinem Leben zu machen.

Ich ganz alleine

Das ist das große Thema: Was ich möchte, frei von jedem Einfluss, der fast immer mit reinspielt. Das heraus zu finden, ist natürlich kein leichtes Unterfangen, weil wir viel zu sehr von der Meinung anderer abhängig sind. Dies ist mehr als übel und hindert uns permanent daran, das eigene Leben endlich so zu gestalten, wie wir es selbst gerne hätten.

Sich selbst finden

Das ist eine der größten und zugleich auch schwierigsten Aufgaben, nach seinen eigenen Vorstellungen und seinem Willen zu leben. Dies will erst einmal gelernt sein und wird kaum oder viel zu wenig durch die Erziehung vermittelt. In dem Moment, wo jemand diese Gesetze beherrscht, wäre er mündig. Folglich versucht man ganz klar, den anderen möglichst klein zu halten. Denn dumme Menschen sind leichter zu lenken und für die eigenen Interessen einzuspannen.

Der lange Weg

Der lange Weg zu sich selbst, dauert ein ganzes Leben lang. Wer glaubt, dass er fertig ist, der ist in der Tat fertig! Die Devise lautet: „Long life learning!" Ein lebenslanges Lernen ist angebracht. Im Übrigen macht es Spaß, die Dinge klar und deutlich zu erkennen, um entsprechend souverän handeln zu können.

Kein Geschenk

Das ist kein Geschenk des Himmels, darüber sollten wir uns stets im

Klaren sein. In der Bibel steht bereits geschrieben: „Suchet und ihr werdet finden!“ Viele Menschen machen es sich hier zu einfach. Für die Mehrzahl müsste alles von ganz alleine funktionieren und vorhanden sein. Die absolute Paradies-Vorstellung: Alles fließt und läuft, ohne dass man selbst etwas dafür tun muss! Dem ist nicht so und wird auch nie so sein.

Zum Glück sind Sie unzufrieden

Unzufriedenheit ist der große Schlüssel zur Veränderung und mehr Erfolg. Es gibt leider nur ganz wenige Menschen, die mit sich und der Welt völlig im Reinen sind.

Mankos spüren

Das ist der erste und wichtigste Schritt, selbst zu spüren, dass etwas fehlt. Man gerne mehr hätte, dass das nicht alles gewesen sein kann. Sie haben völlig Recht. Wie gut, dass Sie bereit sind, es anzupacken und neue Wege zu gehen. Sie haben nur dieses eine Leben und stehen bereits mittendrin.

Das Leben ist endlich

Viele Menschen glauben, dass das Leben unendlich ist, aber dem ist leider nicht so. Unser Leben ist endlich und das heißt, dass es irgendwann zu Ende geht. Manche glauben an die Reinkarnation, die Lehre der Wiedergeburt. Ich persönlich weiß es nicht und kann dies auch nicht erfassen, ob dem tatsächlich so ist. Also, lautet für mich das Fazit: „Lebe dieses Leben und mache eine große Meisterleistung daraus!"

Klagen oder Handeln

Das ist die große Frage. Machen Sie etwas aus Ihrer Unzufriedenheit oder gehören Sie lieber zur breiten Masse, die es sich zur Gewohnheit gemacht hat, zu klagen und teilweise sogar bitterlich zu jammern? Sie wissen es selbst, durch Jammern (siehe auch unser Buch: "Höre endlich auf zu Jammern!") wird sich rein gar nichts ändern. Sie müssen vielmehr ins Handeln kommen und alle Register ziehen. Erst dadurch kommt Bewegung in Ihr Leben.

Sie sind auf dem Weg

Ist das nicht wunderbar? Sie haben dies alleine durch den Kauf dieses Buches bewiesen. Sie möchten eine Veränderung, es muss in Ihrem Leben etwas passieren. Das ist gut und vor allem lebenswichtig. Es gibt in der Tat nichts Schlimmeres als Stillstand, sei er geistiger, seelischer oder körperlicher Natur. Stillstand bedeutet immer Rückschritt!

Unsere Beeinflusser

Es ist einfach unglaublich, wer alles versucht an uns herum zu manipulieren. Manche Menschen verlieren dabei jeglichen Skrupel! Wenn wir nicht aufpassen, ganz genau wissen was wir wollen, haben wir bereits im Vorfeld verloren.

Die permanente Manipulation

Leider, leider unterliegen wir alle einer permanenten Manipulation. (siehe unser Buch: „Lass Dich nie mehr manipulieren!") Jeder versucht jeden im Sinne seiner Anliegen zu beeinflussen. Das fängt in der Familie an und zieht sich bis ins berufliche Leben hinein. Werbung, egal in welcher Form, soll nur eines bezwecken, dass wir uns breitschlagen lassen und möglichst die angepriesenen Produkte kaufen.

Ideenreichtum einmalig

Wenn alle unsere Beeinflusser diese Energie, Kreativität für sich selbst einsetzen würden, gäbe es nur noch erfolgreiche und glückliche Menschen auf dieser Erde.

Perversität

Die Perversität dabei ist kaum zu überbieten. Der Zweck heiligt die Mittel! Dieser Spruch kommt hier mehr als zum Tragen. Wie viel Aufwand betrieben wird, um andere zu beeinflussen, ist einmalig. Nichts wird unversucht gelassen.

Eigene Familie

Lassen Sie es mich mit Verlaub sagen: „Das sind oft die Allerschlimmsten!" Es sind nicht nur die Ersten in unserem Leben, sondern sie beeinflussen uns auch in der Regel zeitlebens. Das Ganze unter dem Deckmäntelchen der Liebe. Es ist einfach nur unglaublich, was hier abgeht.

Eltern

Sie sind die Ersten, die häufig mit unglaublichen Mitteln versuchen, ihre Kinder gefügig zu halten. Die Eltern darauf angesprochen, werden natürlich stets mit großer Vehemenz verneinen und sagen, dass dies niemals sein kann. Sollten sie mehr als ein Kind haben, selbstverständlich alle gleich behandeln würden. Leider ist dies eine große Lüge, was Sie bei einem Blick zurück in Ihre Kindheit mit Sicherheit bestätigen können. Außer Sie gehören zu den Überglücklichen, denen es nicht so zuteil wurde.

Großeltern

Hier geht es in der Regel ein wenig milder zu. Großeltern tendieren eher zur Mäßigung. Aber auch hier wird versucht, die Kleinen entsprechend zu manipulieren.

Verwandte

Je nachdem, welch innigen Kontakt die Eltern zu ihren Geschwistern haben, spielen diese natürlich in dem Reigen der Manipulatoren ebenfalls eine Rolle.

Kindergarten

Hier geht das Ganze schon im größeren Stil vonstatten: Jede Menge Kinder mit den passenden Eltern im Hintergrund. Die Erzieherinnen (welch schöne und aussagekräftige Bezeichnung) die natürlich auch versuchen, die Kleinen zu formen.

Freunde

Die Freunde versuchen ebenfalls Einfluss zu nehmen, genauso wie deren Eltern.

Schule

Hier geht es meistens richtig zur Sache. Lehrer jeder Art, manche die sich Pädagogen nennen dürfen, andere wo man ein Fragezeichen setzen darf. Wenn ich da an meine eigene Schulzeit zurückdenke, Sie kennen das mit Sicherheit selbst! Oft wird das ganze System auch von den Eltern zu Hause unterstützt. Ich möchte hier nicht weiter auf diese Institutionen eingehen, das alleine würde mehrere Bücher füllen. Schule ja, sie muss sein, jedoch bitte lebensgerecht, dass Kinder zu freien Menschen heranwachsen können und danach im Stande sind, ein selbst gesteuertes Leben zu leben.

Partner

Hier finden wir eine große Spielwiese vor. Was für nette Spielchen laufen da ab, von Beleidigungen bis zu Enttäuschungen.

Lehre

Der Sprung ins Berufsleben, mit all seinen Unwägbarkeiten. Viele neue Einflüsse strömen hier auf einen Menschen ein, vom Chef über die Kollegen, bis zu den Kunden. Jeder versucht seine Lebensfasson dem anderen überzustülpen. Dies ist nochmals eine starke Zeit des Umbruchs.

Studium

Oft ein Wegzug, neue Studienkollegen, Professoren mit ihren Vorstellungen und der kleine Student mittendrin.

Ehepartner

Schrecklich, was hier oft abläuft. Die immer mehr zunehmenden Scheidungen sprechen eine deutliche Sprache. Unglaublich wie klein man sich gegenseitig hält. Am Anfang war es einmal Liebe, angeblich Liebe. Oft bleibt nur noch Hass übrig, mit Hauen und Stechen! Unfassbar, was erwachsene Menschen mit sich machen lassen. Selbst noch das perfideste Spiel mitspielen. Siehe unser Buch: „Ein Millionär als Traumpartner!“ Dort finden Sie sehr viele wertvolle Inputs, um endlich aus dem Dilemma auszubrechen.

Weitere

Da gibt es natürlich noch viele weitere Manipulatoren, die alle nur unser Bestes wollen und dabei sich selbst meinen. Passen Sie einfach auf sich auf! Seien Sie auf der Hut und denken Sie bei allem stets daran: „Everybodys darling is everybodys Depp!“ Frei übersetzt: Jedermanns Liebling ist jedermanns Depp! Möchten Sie das wirklich sein?

Steter Tropfen

Steter Tropfen höhlt den Stein. Das kennen Sie mit Sicherheit. Es ist einfach immer wieder mehr als unglaublich, mit welcher Energie oft vorgegangen wird. Beharrlich werden die Ziele der anderen, zum eigenen Wohle manipuliert. Kein Mittel ist schlecht genug, um es nicht anzuwenden.

Operationsfeld Liebe

Unter dem Begriff Liebe werden die schlimmsten Gräueltaten verübt. Das Deckmäntelchen der Liebe eignet sich fast immer, um das eigene Gewissen zu beruhigen und den anderen in vermeintlicher Sicherheit zu wiegen.

Ich meine es nur gut

Kennen Sie diesen frommen Spruch auch zur Genüge? Mit Sicherheit, er ist einer der am meist verwendeten Sprüche, von uns nahe stehenden Menschen. „Ich meine es doch nur gut mit dir!" Wenn Sie diesen Spruch hören, sollten Sie sofort aufpassen und sehr hellhörig werden. In aller Regel ist er gar nicht so gemeint und heißt korrekt ausgedrückt: „Ich meine es nur gut mit mir!" Nur, wenn Sie nicht entsprechend funktionieren, hat Ihr Gegenüber ein Problem. Das darf aber nicht Ihre Sorge sein!

Hinterfragen Sie stets

Hören Sie auf mit Leichtgläubigkeit, die sollten Sie als erwachsener Mensch ablegen. Das tut Ihnen einfach nicht gut. Wie oft fühlten Sie sich enttäuscht und unverstanden? Wie traurig hat Sie dies gemacht? Wie verzweifelt waren Sie schon? Denken Sie nicht auch, dass dem Ganzen langsam aber sicher ein Ende gesetzt werden sollte?

Werden Sie frei

Das ist das Grundrecht des Menschen, frei zu sein. Lösen Sie sich aus Abhängigkeiten, die Sie nur quälen und vor allem auch immer wieder unnötig behindern. Es lohnt sich sehr, den Weg der Freiheit zu gehen. Einer der schönsten und ergreifendsten Momente im Leben eines Menschen, wenn er dieses Prinzip versteht und sich zu Eigen macht.

Was will ich wirklich

Die allergrößte und entscheidende Frage lautet: Was will ich? Ich ganz alleine und niemand anderes! Genau hier liegt das Problem. Weil wir fast ein ganzes Leben lang von irgendwelchen Menschen permanent manipuliert wurden, tun wir uns unendlich schwer unser eigenes Ich mit allen Wünschen, Zielen und Hoffnungen zu finden und zu leben.

Wer ist das Wichtigste

Sie, wirklich nur Sie ganz alleine und sonst niemand anderes. Alle anderen kommen erst viel später. Genau hier widersprechen vor allem Mütter. „Für mich sind das Wichtigste die Kinder," sagen sie. Ein sehr gefährliches Unterfangen, denn wenn die Kinder flügge sind und der Mutter den Rücken kehren, stürzt diese oft ins Bodenlose. Meist kommt hinzu, dass vor lauter Überfürsorge den Kindern gegenüber, der Mann vernachlässigt wird und sich im Laufe der Jahre einer anderen Frau zugewandt hat. Das sind die schrecklichsten Momente im Leben einer Frau, wenn sie so unsanft aufgeweckt wird. Vieles ließe sich bereits im Vorfeld vermeiden.

Nur Sie sind wichtig

Wenn es Ihnen gut geht, geht es allen anderen um Sie herum gut oder sogar sehr gut. Vor lauter Machen und Tun besinnen sich die wenigsten auf ihr wahres Ich und leben ständig in einer gewissen Zerrissenheit. Das muss nicht sein. Am Ende sind Sie ganz alleine der Leidtragende.

Sich vernachlässigen

Vernachlässigen der eigenen Person ist das Schlimmste, was ein Mensch sich antun kann. Sie sind das einzige Lebewesen auf dieser Erde, welches Sie bis zum Ende begleiten wird. Vieles andere wird sich verändern, Sie verlassen, aber Sie selbst bleiben bis zum Schluss. Deshalb ist es sehr wichtig, sich endlich intensiv mit dem eigenen Sein zu beschäftigen.

Was wollen Sie überhaupt

Dies ist eine sehr komplizierte Frage und leider nicht so schnell zu beantworten. Es gab Momente in Ihrem Leben, da wussten Sie es ganz genau. War alles klar und deutlich! Aber wie sagen die Menschen so schön: „Ich wurde auf den Boden der Tatsachen zurückgeholt!" Die Frage dabei ist, wo sind die Tatsachen ganz genau?

Es gab eine gute Zeit

Es gab wirklich eine sehr gute Zeit in Ihrem Leben. Als Sie noch klein waren, was wollten Sie da nicht alles werden und sein. Sie haben immer wieder Ihre großen Wünsche geändert. Es gab für Sie einfach keine Grenzen. Vieles war traumhaft und die Erwachsenen haben Sie damals noch gewähren lassen. Je älter Sie wurden, desto mehr hat man versucht, Sie lebensgerecht zu machen. Hierzu gehören auch die wunderschönen Aussagen: „Schuster, bleib bei deinen Leisten!" Oder: „Man muss auch einmal zufrieden sein!" Genau das ist bereits der Anfang vom Ende.

Die Glaubenssätze

Glaubenssätze gehören in die Gruppe, der so genannten Merksätze. Sie werden in der Regel gebetsmühlenartig wiederholt. Welch perverse Art so vorzugehen. Mögen viele Menschen sonst nichts können, dieses Thema beherrschen sie meisterlich. Sie werden im Gegensatz zu sonst auch nicht müde, diese so lange zu wiederholen, bis sich die Sätze buchstäblich erfüllen.

Individualität stört

Individualität stört einfach. Alle sollen gleich sein, das erleichtert es den Machern ungemein. Die Frage ist jedoch, ob Sie das mit sich machen lassen oder nicht? „Bloß nicht auffallen!“ Kennen Sie diesen Spruch? Mit Sicherheit, denn er ist einer der geflügelten Sätze in fast allen Familien. Die Steigerung ist: „Bloß nicht auffallen, was könnten die anderen von uns denken?“ Devoter und blöder geht es fast nicht mehr.

Freiheit des Denkens

Gott sei Dank dürfen wir in einem freien Land leben, in dem das Denken erlaubt ist. Wie kann man nur solche Aussagen prägen und dann stetig wiederholen? Lieb Kind sein wollen und dafür die Liebsten, in den eigenen Reihen manipulieren. Das ist abartig, seinen eigenen Kindern oder dem Partner so gegenüber zu treten. Dies führt zur sukzessiven Zerstörung des eigenen Seins. Die anderen denken, was sie wollen und das ist auch gut.

Mehr Schein, als Sein

Das ist für viele Leute ein ganz großes Thema. Nach außen mehr scheinen, als man tatsächlich ist. Dies ist kein gutes Spiel und wirkt vor allem sehr unauthentisch. Finden Sie für sich heraus, was Sie wollen und hören Sie nie mehr auf andere. Schon gar nicht aus den eigenen Reihen!

Optimale Hilfe: Ein eigener Coach

Sie sind unzufrieden und spüren, dass Sie etwas ändern müssen. Je länger dieser Zustand anhält, desto stärker wird der Wunsch. Worauf wollen Sie noch warten? Verschieberitis, eine der schlimmsten Krankheiten. Die medizinisch Gebildeten wissen, dass die Endung „itis“ immer Entzündung bedeutet. Ein entzündlicher Prozess, der nicht behoben wird, wird sehr schnell chronisch. Was dies zu bedeuten hat, dürfte hinlänglich bekannt sein.

Wo erhalte ich Hilfe

Die schlechteste Quelle für Hilfe, befindet sich mit Sicherheit in den eigenen Reihen. Hier kann und wird einem fast nie uneigennützig geholfen. Dennoch fragen wir dort zuerst nach. So haben wir es über viele Jahre hinweg gehandhabt. Als kleines Baby oder Kind war es uns nicht anders möglich. Jetzt im Erwachsenenalter, haben wir zum Glück die freie Entscheidung.

Hilfe von außen

Diese ist immer besser, solange sie professionell durchgeführt wird und wertneutral ist. In der Regel hat Ihr Helfer keine persönlichen Absichten. Sie bezahlen ein Honorar und das war es. In der eigenen Familie sieht es meistens anders aus.

Holen Sie sich einen Coach

Hierbei sind natürlich einige Feinheiten zu beachten, nicht dass es in einem noch größeren Dilemma endet. Es gibt mittlerweile so viele Coachs auf dem Markt, dass es fast nicht mehr möglich ist, eine Übersicht zu behalten. Hier einige sehr wertvolle Informationen, die Ihnen helfen, einen professionellen Coach zu finden:

Anforderungs-Profil an Ihren Coach

1.) Mindestens 20 Jahre erfolgreich auf dem Markt
Hat dadurch schon viel Erfahrung und wesentlich mehr Kompetenz als Neulinge.

2.) Selbständig
Ein selbständiger Unternehmer hat eine andere Denk- und Vorgehensweise. Es ist ein großer Unterschied, ob jemand Befehlsempfänger ist oder selbständig.

3.) Erfolgreich
Es gibt viele Menschen auf dem Markt, die sich Berater schimpfen und keinen großen Erfolg aufweisen können. Ein Coach muss in den Bereichen Erfolg haben, die Sie anstreben.

4.) Publikationen
Ein Coach muss eigene Publikationen veröffentlicht haben. In Form von Büchern und Fachartikeln.

5.) Dozent
Ein Coach muss als Dozent unterwegs sein, seine Ideen und Gedanken an eine Zuhörerschaft professionell vermitteln können.

6.) Chemie
Diese muss stimmen. Das erste Gespräch sollte kostenlos sein, um sich näher kennen zu lernen. Danach haben Sie in Ruhe die Möglichkeit, sich für oder gegen den Coach zu entscheiden.

Das sind einige der wichtigsten Anforderungen. Sie sollten auf alle Fälle keine Kompromisse eingehen. Diese würden Ihnen nur schaden.

Es gibt zu viele

Es gibt täglich mehr und mehr Berater, die auf dem Markt auftauchen und glauben, das große Geld machen zu können. Ganz so einfach ist es aber nun doch nicht. Selbst Arbeitslose werden zum Erfolgscoach ausgebildet. Halten Sie sich an die Regeln und prüfen Sie Ihren zukünftigen Coach genau. Dies ist der erste, wichtige Schritt für Sie in ein neues Leben!

Alte Muster abwerfen

Wer aufbrechen will, muss zuerst die alten Brücken hinter sich abbrechen. Damit beginnt eine schwierige Phase. Das Alte wird nach Möglichkeit noch fest umklammert, vor lauter Angst, was das Neue bringen könnte. So gefesselt, versucht man zu neuen Ufern aufzubrechen. Das wird natürlich nicht funktionieren und ist keine sehr angenehme Situation. In der alten Welt nicht mehr richtig und noch lange nicht in der Neuen. Da sind wir schon wieder im Bereich der Halbschwangerschaft.

Erster Schritt

Ist immer in die Schriftlichkeit zu gehen. Wer etwas schwarz auf weiß hat, überblickt das Ganze klarer. Arbeiten Sie ab sofort immer mit Block und Bleistift. Werden Sie nicht müde, die Dinge beim Namen zu nennen und entsprechend aufzuschreiben.

Alle Empfindungen

Diese müssen festgehalten werden. Ihre Freuden genauso wie Ängste. Getreu dem Motto: „Gefahr erkannt – Gefahr gebannt!“ Überlassen Sie nichts mehr dem Zufall oder dem Bauchgefühl. Gehen Sie klar und strukturiert vor. Arbeiten Sie mit einer Plus-Minus-Liste!

Was ist gut

Auf diese Liste kommt das Positive, all das was gut wäre, wenn Sie es tun würden. Überlegen Sie hierbei nicht lange, sondern schreiben Sie schnell alles auf. Lassen Sie Ihren Gefühlen freien Lauf. Auch wenn sich immer wieder einmal die linke Gehirnhälfte einmischt und sagt: „Das ist völliger Blödsinn und unrealistisch!“ In diesem Moment spielt es überhaupt keine Rolle. Es geht einfach nur um die Sammlung wertvoller Impulse und um nichts anderes.

„If you can dream it, you can do it!“ Martin Luther King

Für mich eines der wunderschönsten Zitate überhaupt. Hier steckt viel Wahrheit drin. Wenn du träumen kannst, bist du auch fähig es zu erreichen. Dies ist so wertvoll und lebensbejahend! Nur was die meisten Menschen machen, ist genau das Gegenteil davon. Sie blockieren sich, klagen und jammern.

Neue Wege beschreiten

Das ist eine hohe Kunst. Wer immer nur das tut, was er bisher getan hat, wird immer nur das Gleiche ernten und niemals etwas anderes! Ich vergleiche das sehr gerne mit Aussaat und Ernte. Es ist genau das gleiche Prinzip. Stellen Sie sich vor, Sie sind ein Landwirt, sitzen mit Ihrem Partner im Winter zusammen und sagen zu ihm: „Du, ich möchte dieses Jahr gerne Gerste ernten!" Dann kommt das Frühjahr, die Zeit der Aussaat und Sie würden wie all die Jahre zuvor, aus lauter Gewohnheit Roggen säen. Was glauben Sie, was Sie ernten werden? Gerste oder Roggen? „Ist doch logisch," sagen Sie jetzt mit aller größter Wahrscheinlichkeit und Sie haben völlig Recht. Ist das nicht schön? Genau so einfach ist das, man muss nur um die Dinge wissen und schon wird man, in seinem Denken und Handeln klar.

Zweifel sind Verräter

Soll ich oder soll ich nicht? Kennen Sie dieses Phänomen? Schrecklich, man kommt einfach nicht vom Fleck, weil man permanent zögert und zaudert. Mal Ja, mal Nein, so geht es für viele Menschen ein ganzes Leben lang. Nur irgendwann ist man zu alt! Ein schrecklicher Moment, wenn man sagen muss: „Das soll jetzt alles gewesen sein?"

Das war alles

Wie viele ältere Menschen sagen auf ihr Leben angesprochen, immer wieder: „Wenn ich das alles gewusst hätte ...!" Noch schlimmer: „Hätte ich doch nur ...!" Kennen Sie solche Aussagen? Darin liegt eine sehr große Tragik und vor allem eine unendliche Traurigkeit. Spüren zu dürfen, respektive zu müssen, dass das Leben nun in die Zielgerade einmündet und vieles nicht so geworden ist, wie geplant und gewünscht.

Traurig, traurig

Lassen Sie es darum niemals soweit kommen. Sie haben es in Ihrer Hand, wirklich in Ihrer Hand. Müssen einfach nur aufwachen, nicht mehr länger schlafen und alles auf irgendwann verschieben. Es wird nicht besser, das Spiel kennen Sie bereits.

Wachen Sie endlich auf

Es ist allerhöchste Zeit, dass Sie endlich aufwachen. Verschieben Sie nie mehr etwas. Es gibt Dinge, die sind zu tun. Nicht mehr und nicht weniger. Im Leben ist es wie beim Eiskunstlaufen, es gibt zwei Teile: „Die Pflicht und die Kür!“ Die Kür wird gerne gemacht, nur die Pflicht, dagegen sträuben sich viele. Dies ist aber keine Ausgangsbasis! Tun Sie ab sofort die Dinge, in der richtigen Reihenfolge. Wenn Sie nicht genau wissen, wie diese aussehen sollte, holen Sie sich einen professionellen Coach. Dessen Aufgabe ist es, Sie zu fordern und zu fördern.

Hohe Gipfel besteigen

Nehmen wir das wunderschöne Beispiel der Berge, hier gleich die Berge aus meiner Schweizer Heimat: St. Moritz! Sie sind unten im Tal und träumen davon, den höchsten Berg, den Piz Bernina mit über 4.000 Metern zu besteigen. Sie haben wie immer im Leben, mehrere Möglichkeiten. Probieren es alleine oder nehmen professionelle Hilfe in Anspruch.

Professionelle Hilfe

Diese garantiert Ihnen, dass Sie schneller, wesentlich schneller an Ihr Ziel gelangen und das auf gesunde Art und Weise. Ihr Bergführer kennt den Berg in- und auswendig. Er weiß genau, wo sich welche Tücken befinden und auf was zu achten ist. Hilft Ihnen bei der Zusammenstellung aller technischen Hilfsmittel. Sie sind in guter Hand und damit bestens aufgehoben. Ihre Bergbesteigung wird zum kalkulierbaren Abenteuer. Sie wissen, wie lange alles dauert und was es kostet.

Alleingang

Wenn Sie selbst Profi sind und schon oft den Weg gegangen, ist es für Sie kein Problem. Viele gehen ihn jedoch das erste Mal alleine, oder mit ein paar Freunden. Es kann gut gehen, die Erfahrung hat aber immer wieder gezeigt, dass es sehr schnell daneben gehen kann.

Risiko ist nicht schlimm

Leider ist dieses Denken heutzutage stark verbreitet und das ist sehr gefährlich. Die Bergsteiger wissen, dass es eine Rettungsflugwacht gibt, die im Notfall sofort zu Hilfe eilen wird. Welch ein beruhigendes Gefühl, sich mit dieser Pseudosicherheit auf den Weg zu machen.

Wo werden Sie mitfliegen

Das ist letztlich die große Frage. Geholfen wird Ihnen auf jeden Fall! Die Rettungsmannschaft wird sich auf den Weg machen. Mit dem Hubschrauber ist man in wenigen Minuten bei Ihnen am Berg, zumindest so lange es das Wetter zulässt. Ansonsten bleiben Sie eben ein paar Tage in der Wand oder sonst wo. Die große und alles entscheidende Frage ist nur noch, ob Sie im Hubschrauber mitfliegen werden, oder außerhalb in einem Sack. Im ersten Fall haben Sie Glück gehabt! Jetzt ist nur die Frage, ob das Krankenhaus im Tal angeflogen wird? Oder gleich das Kantonsspital in Chur, schlimmstenfalls direkt die Uniklinik in Zürich. Wenn Sie außen mitfliegen dürfen, landet der Hubschrauber gleich auf dem Flugplatz und ein schwarzes Auto wird vorfahren. Die Heckklappe geöffnet und ein Stahlsarg heraus geschoben. Sie haben es in der Tat gepackt!

Was soll das

Vielleicht fragen Sie sich jetzt, was dieser Vergleich mit Ihrem Leben zu tun hat? Ganz einfach, er ist eine bildliche Darstellung. Mit Bildern zu arbeiten ist nötig, damit das Unterbewusstsein gleich alles erfassen kann. Bilder sagen mehr als tausend Worte! Dies ist eine Darstellung für Sie, dass es wesentlich einfacher, vor allem sicherer und schneller mit einem Coach geht. Seien Sie nicht geizig! Holen Sie sich einen Spezialisten und fangen Sie endlich an, Ihr Leben zu leben, bevor es eines Tages zu spät ist. Dies wäre sehr, sehr schade für Sie.

Träume sind die Vorboten der Fähigkeiten, die in uns stecken

Johann Wolfgang von Goethe hat diesen wunderschönen, inhaltsschweren und ehrlichen Satz geprägt. In der Tat, wenn wir imstande sind zu träumen, können wir diese Träume auch umsetzen. Der Weg dahin ist gar nicht so weit und kompliziert.

Hoffentlich können Sie noch träumen

Das ist eine der wunderschönsten Fähigkeiten von uns Menschen, sich in einer Traumwelt zu bewegen, darin aufzugehen und sie in die Realität umzusetzen.

Als Kleinkind kein Problem

Es gab Zeiten in Ihrem Leben, da hat alles wie am Schnürchen funktioniert. Sie hatten überhaupt keine Probleme, mit irgendwelchen Träumen. Alles war für Sie leicht und locker, es funktionierte ganz einfach. Sie haben sich dabei auch keine Sorgen gemacht. Waren einfach nur da und haben sich Ihren Träumen voll und ganz hingegeben. Welch schöne Momente, die Sie dabei erleben durften. Einfach nur da sein und leben. Genauso sollte das Leben sein, ohne wenn und aber.

Als Heranwachsender

Sie wurden größer und haben das erste Mal ein wenig Gegenwind gespürt. Sei es durch die Eltern, Kindergärtnerinnen und Lehrer, die langsam aber sicher versuchten, Sie auf den Boden der Tatsachen zurückzuholen. Nach dem Motto: „Jetzt werde endlich einmal vernünftig und realistisch!“ Das ist das traurigste Kapitel in der Geschichte eines Menschen, wenn man ihm so langsam aber sicher jegliche Hoffnung nimmt, ein großer, starker und selbstbewusster Mensch zu werden.

Die Alten haben Frust

Sie haben viel zu viel Frust. Bei den meisten Erwachsenen verlief das Leben nicht so, wie sie es sich erträumt haben. Weil sie einfach viel zu wenig dafür getan haben. Das ist natürlich sehr fatal und jetzt versucht man, den Kleinsten, den Jüngsten das Leben schwer zu machen. Ergötzt sich oft daran, es ihnen zeigen und sagen zu können. Weil man ja selbst so klug und geläutert ist. Das ist fatal, denn durch die permanenten Wiederholungen dieser Glaubenssätze, werden diese über kurz oder lang zu einem Teil der Gedankenwelt des Kindes. Irgendwann wird es sich bestätigt fühlen, dass dem tatsächlich so ist. Hier tragen die Alten und vermeintlich Klügeren eine große Verantwortung. Sie missbrauchen diese in aller Regel, anstatt mit den Kindern über ihre Visionen, Träume und das alles entscheidende Durchhaltevermögen zu sprechen. Davon wird nichts erzählt, weil es die Alten einfach selbst nicht wissen.

Als Pubertierender

Das ist in der Regel die allerletzte Aufbäumphase. In dieser Zeit versuchen die Kinder nochmals auszubrechen und ihre Welt durchzuziehen. Das ist für die Erwachsenen das Schlimmste, was passieren kann. Sie können es nicht ganz begreifen. Zum guten Glück werden die Kinder dabei zu Rebellen! Sie wollen es wissen und fordern die Alten heraus. Jetzt hängt es sehr stark davon ab, wie die Erziehenden damit umgehen und wie stark das Kind ist. Es gibt danach nur zwei Möglichkeiten: „Entweder gehen die Jugendlichen gestärkt und gestählt daraus hervor, oder sie zerbrechen daran!“ Für Letzteres gibt es viele Beispiele von Menschen, mit keinem oder nur sehr wenig Rückgrat.

Als Erwachsener

Da ist es für die meisten Menschen bereits schon gelaufen. Oft wurde an ihnen herum manipuliert, viel zu viel Einfluss auf sie genommen. Welch große Tragik kommt hier zum Tragen. Diese gebeutelten Erwachsenen machen dann das gleiche Spiel mit ihrem eigenen Nachwuchs. So wird das Elend von Generation zu Generation weiter getragen.

Höre endlich auf zu träumen

Das ist häufig die Botschaft. Das Leben sieht ganz anders aus, ist hart und vor allem ungerecht. Hier die Armen, zu denen wir gehören. Dort die Reichen, die sowieso alles nur erlogen und ergaunert haben. Schon sind die Fronten geklärt.

Sehr tragisch

Das ist wirklich sehr tragisch, wenn junge Menschen gleich so fertig gemacht werden. Wenn man mit den Erwachsenen darüber spricht, wird sofort alles ganz weit von sich gewiesen. Womit wir wieder bei dem Beispiel mit dem Elefanten wären. Es macht keinen Sinn, für eine Änderung einzutreten. Die einzige Chance für das Kind besteht darin, dass es stark ist und einen festen Willen hat. Manche Dinge zu erreichen und auch bereit ist, sich dafür voll und ganz einzusetzen. Ansonsten ist es eben, wie es ist. Die nächste Chance die auftaucht, ist im Erwachsenenalter. Wenn der so genannte Leidensweg lange genug gedauert hat, gibt es nur noch zwei Möglichkeiten: Entweder man kapituliert oder geht gestärkt daraus hervor!

Umwelt trägt auch dazu bei

Oft ist die ganze Gesellschaft an dem Elend beteiligt. Fernsehen, Radio, Zeitungen und Zeitschriften, jeder versucht sein Bild des Lebens zu vermitteln. Passend dazu die Politik, schon rundet sich das Ganze ab. Wer täglich mit Negativem konfrontiert wird, glaubt eines Tages tatsächlich daran, dass die Welt so schrecklich ist.

Was will ich nie mehr

Auch die Klärung dieser Frage ist ein entscheidender Schritt. Nehmen Sie sich die Zeit, alles festzuhalten. Handeln Sie nie mehr aus dem Bauch heraus, sondern immer auf der Basis Ihres Schriftstückes. Da steht alles Wichtige, schwarz auf weiß und damit unmissverständlich.

Ihr Leben ist einmalig

Vergessen Sie das nie! Sie haben das Anrecht darauf, Ihr eigenes Leben zu leben. Stehen Sie dafür ein und wenn nötig, kämpfen Sie. Wenn nicht jetzt, wann dann? Warten Sie auf gar nichts mehr! Heute ist der beste Tag Ihres Lebens. Nehmen Sie Bleistift, Papier zur Hand und legen Sie sofort los.

Schreiben Sie alles auf

Schreiben Sie all die Dinge auf, die Ihnen schon lange auf den Geist gehen. Was Sie einfach nie mehr möchten. Während des Schreibens, lassen Sie jegliche Fragestellung außer Acht, ob die Umsetzung jetzt schwer oder leicht sein wird. Sonst blockieren Sie sich bereits wieder im Vorfeld und das sollten Sie sich einfach schenken. Zur Umsetzung kommen wir später. Zuerst geht es um die Bestandsaufnahme. Kein Arzt würde jemals behandeln, ohne sich vorher einen klaren Überblick verschafft zu haben.

Ballast abwerfen

Ihr großes Thema, sollte die Entschlackung sein. Sie müssen Ballast abwerfen. Im Laufe Ihres Lebens hat sich einiges angesammelt, das Sie unnötig träge und schwer macht. Durch Aufschreiben können Sie vorab auf dem Papier die zu streichenden Dinge festhalten, um diese nach und nach in die Praxis umzusetzen. Sie werden es erleben, je mehr alten Müll Sie entsorgen, umso besser fühlen Sie sich. Sie werden wieder stark, gewinnen daraus neuen Mut und die so wichtige Tatkraft.

Fangen Sie jetzt an

Jetzt müssen Sie anfangen! Nicht irgendwann, sondern sofort, bevor Sie überhaupt Weiterlesen. Wir Menschen tendieren leider dazu, manche Dinge, vor allem die Unliebsameren, sehr gerne auf die lange Bank zu schieben. Wir möchten möglichst wenig damit zu tun haben. Alles wo wir uns festlegen müssen, mögen wir nicht. Wir möchten gerne stets frei sein in unseren Handlungen, sind es aber durch unser wiederkehrendes Zögern und Zaudern umso weniger.

Was mich kränkt, macht mich krank

Mit Sicherheit haben Sie jede Menge solcher Leichen in Ihrem Keller liegen. Der Verwesungsgeruch lähmt Sie immer wieder aufs Neue. Sie verstehen dies nicht, es blockiert Sie. Dabei ist es ganz einfach: „Alles was Sie kränkt, muss eliminiert werden!“ Ein Prozess, wie all unsere Lebensprozesse. Es lohnt sich, damit anzufangen!

Was kränkt Sie

Der erste, wichtige Schritt besteht wieder darin, schriftlich festzuhalten was Sie kränkt. Nennen Sie die Dinge klar beim Namen. Machen Sie sich selbst nichts mehr vor, ziehen Sie es klar, konkret und nachvollziehbar durch. Tauchen Sie ein, schreiben Sie alles auf, auch wenn es weh tut.

Wer kränkt Sie

Das ist in der Regel noch schwieriger. Leichter fällt es vielen, wenn die Kränkungen nicht aus den eigenen Reihen (Familie) kommen. Halten Sie aber bitte auch diese Personen genau fest. Wer ist es, wer ist es wirklich?

Aus der eigenen Familie

Die eigenen Eltern sind es sehr oft. Weil sie nicht imstande sind, einem das Gefühl von Erwachsensein zu geben. Sie immer weiter versuchen, zu manipulieren und uns das Gefühl geben, noch klein zu sein. Sehr oft reichen hier schon Blicke oder ein paar dumme Sprüche, damit wir uns verletzt fühlen.

Bei Geschwistern kommt das öfters mal vor, nur ist dies nicht so tragisch wie bei den Eltern. Gegen Geschwister kann man sich leichter zur Wehr setzen.

Großeltern kommen eher selten vor. Diese lieben in der Regel ihre Enkel über alles und sind bereit, viel für sie zu tun.

Verwandte kommen weniger zum Zuge, außer sie wohnen im gleichen Haus oder in nächster Nachbarschaft.

Der eigene Partner, natürlich am Anfang kaum, sonst wären Sie bestimmt nicht mit ihm zusammengezogen. Später bekommen Partnerschaften manchmal eine ganz komische Eigendynamik. Aus dem „Hasen" oder der „kleinen Maus" wird im Laufe der Zeit so manches große Tier.

Schwiegereltern, da gibt es leider nur sehr wenige, die den Angeheirateten in Ruhe lassen. Es wird versucht, zu manipulieren. Natürlich immer mit der Versicherung, es gut zu meinen. Dabei sind nur die eigenen Interessen von Bedeutung. Alles andere interessiert kaum. Hier wird oft mit allen Mitteln operiert.

Aus dem Beruf

Der Chef, hier gibt es einige, die jede Grenze überschreiten, die Fassung verlieren und ihre Mitarbeiter wie Leibeigene behandeln.

Die Kollegen, da spricht man gerne von so genannten Kollegen-Schweinen. Neudeutsch heißt das Mobbing. Kollegen können einem das Leben ganz schön schwer machen.

Die Kunden sind auch nicht immer so einfach. Hier gibt es die tollsten Dinge. Gegen manches können Sie sich mit Einverständnis des Chefs wehren. Andere Dinge können nur abgewendet werden, in dem Sie gehen.

Freunde und Bekannte

Diese verlieren manchmal die Bodenhaftung. Was sich manche erlauben, ist unglaublich, sie überschreiten alle Grenzen.

Wieso kränkt es Sie

Das ist eine sehr wichtige Frage, die Sie bei Ihrer Analyse klären müssen, wo es genau trifft. Je expliziter Sie dies benennen können, desto leichter wird es anschließend. Führen Sie über einen längeren Zeitraum Protokoll! Das hilft Ihnen, sich zurechtzufinden. Sind es immer die gleichen Geschichten die Sie treffen, oder ist es stets etwas anderes? Aus dem Bauch heraus ist das leider nicht zu lösen. Sie müssen alles schriftlich festhalten. So gewinnen Sie Abstand und es stresst nicht mehr.

Benötigen Sie das überhaupt, diese Kränkungen

Das ist eine berechtigte Frage, ob Sie das wirklich benötigen? Dies sollten Sie ganz ehrlich beantworten. Es gibt in der Tat Menschen, die brauchen ihren Hang zum Masochismus, müssen sich selbst quälen, genießen die Aufmerksamkeit oder das Mitleid, welches sie von anderen erhalten.

Ja oder Nein

Auch hier ist absolute Ehrlichkeit gefragt. Sie sollten aufhören, sich selbst in irgendeiner Form zu belügen. Das ist wirklich das Schlimmste, was ein Mensch sich überhaupt antun kann. Sich etwas vormachen ist das Übelste, in der ganzen menschlichen Palette an Abartigkeiten. Stehen Sie zu sich und seien Sie ab sofort ehrlich, Ihrer eigenen Person gegenüber. So lautet die Devise und machen Sie sich nie, aber auch gar nie mehr etwas vor.

In die Augen schauen

Das sollten Sie zu jeder Zeit tun können. Klar und offen! Auf Mogeleien lässt sich kein Vertrauensverhältnis aufbauen. Das ist mit ein Grund dafür, dass manche Menschen kein gutes Haar an sich lassen und sehr unschön mit sich umgehen.

Sie haben sich ein ganzes Leben lang

Sie können nicht aus Ihrer Haut fahren, wie man es manchmal gerne tun würde. Haben Ihren Körper mitbekommen, um sich damit auf dieser Erde bewegen zu können. Darin sollten sich Ihre Seele und Ihr Geist wohlfühlen. Es muss eine große Symbiose herrschen, damit es Ihnen gut geht, Sie glücklich sind und sich in Ihrer Haut wohlfühlen.

Wann ändern Sie es endlich

Ist das nicht eine wunderschöne Frage? Wann packen Sie es an und ändern endlich all die Dinge, die zu ändern sind? Wann fangen Sie an, Ihr eigenes Leben zu leben? Sie haben ein Anrecht darauf! Nutzen Sie es, warten Sie nicht bis Ihr Leben eines Tages vorbei ist. Das wäre schade, wenn Sie in diese Falle treten würden. Das glaube ich aber keinesfalls von Ihnen, sonst hätten Sie dieses Buch nicht gekauft und bis hierher gelesen.

Sein oder nicht sein

Das ist die ganz große Frage. Es lohnt sich auf alle Fälle für Sie, sich auf den Weg zu machen und endlich Ihr Leben zu leben. Heute und sofort ist der Beginn! Nicht irgendwann, nachdem Sie das ein oder andere noch erledigt haben.

Just do it

Tue es einfach! Genau hier liegt das Problem. Im Grunde genommen ist es ganz einfach. Sie wissen tief in Ihrem Inneren genau, was Sie wollen und sehr präzise, was Sie nicht, oder sogar nie mehr möchten. Es ist bereits alles klar. Sie haben es einfach nur zugeschüttet. Aus Bequemlichkeit, Ignoranz und Angst. Der Gründe gibt es mehr als genug. Das ist aber nicht das Thema und mit Sicherheit auch nicht die Zeit für langwierige Therapien, bei denen in der Vergangenheit herumgestochert wird. Es ist die Zeit des Anfangs, heute, hier und jetzt!

Ihre Umsetzung

Viele Menschen haben Probleme mit der Umsetzung. Ein bisschen wird immer wieder versucht, wie es die meisten zugeben. „Ja, ich habe es probiert!“ Kennen Sie das Phänomen? Natürlich kennen Sie es, Sie praktizieren es auch oft. Probieren können Sie ein Glas Wein oder ein Stück Kuchen. Dann können Sie sehr schnell entscheiden, ob es gut ist oder nicht. Nur Ihren Erfolg, Ihre Veränderung, die können Sie nie und nimmer probieren. Hier sind Sie voll und ganz gefordert. Sie müssen mit den zur Verfügung stehenden Möglichkeiten einsteigen und Tag für Tag dranbleiben.

Scheuklappen

Sie sind ein ganz tolles Instrument, damit Sie nie mehr abgelenkt werden von Ihrem Vorwärtsdrang. Das Problem der Erfolglosen ist ihre Ablenkbarkeit. Alles was der Zerstreuung dient, wird gerne wahrgenommen. Dies dient als Alibi! Wenn Sie Erfolg haben möchten, endlich anfangen, gibt es nur eine Richtung: Klar und deutlich die Ziele verfolgen und sich wirklich nie mehr ablenken lassen!

Angst – Ihr größter Bremsklotz

Angst ist eines der besten Mittel, um Menschen gefügig zu halten. Angst blockiert, lähmt und unterbricht den positiven Gedankenfluss. Siehe das schöne Beispiel von dem Kaninchen, welches vor der Schlange erstarrt. Obwohl es eine Leichtigkeit wäre, davon zu hoppeln. Genauso geht es vielen Menschen fortlaufend.

Wovor haben Sie Angst

Einmal mehr geht es nun ums Aufschreiben. Halten Sie genau fest, wovor Sie Angst haben. Was befürchten Sie am allermeisten und wie groß ist die Wahrscheinlichkeit, dass das, wovor Sie sich fürchten, überhaupt eintreffen wird? Dies ist die ganz entscheidende Frage. Denn vieles, vor dem wir uns fürchten, trifft überhaupt nie ein. Dies ist ein klares Indiz dafür, dass die meisten Menschen sich unnötig fürchten, weil die Dinge ganz anders kommen.

Das Leben ist wertvoll

Das Leben ist viel zu wertvoll, um sich permanent zu sorgen. Es ist unnötig, um nicht zu sagen ausgesprochen blöde, dadurch geht sehr viel Lebensqualität verloren. Machen wir täglich eine große Meisterleistung aus unserem Leben und fangen endlich an, es so zu leben, wie wir es schon immer tun wollten. All dies, ohne wenn und aber.

Ihr Denken – positiv oder negativ

Ebenfalls eine große und vor allem berechtigte Frage. Was für eine Lebenseinstellung nennen Sie Ihr Eigen? Sind Sie eher ein Polei- oder ein Nelei-Mensch? Wie gehen Sie Tag für Tag durchs Leben? Wie Sie denken und fühlen, handeln Sie auch! Genau das strahlen Sie aus, nicht mehr und nicht weniger. Oft glauben Menschen, der andere merke nichts. Es gibt die Körpersprache und Sie wissen: Der Körper lügt nie, nie und nimmer! Er sagt immer die Wahrheit, das nennt man Ausstrahlung. Ausgestrahlt werden kann nur das, was Innen vorhanden ist.

Was ist ein Polei-Mensch

Ein Mensch mit einer positiven Lebenseinstellung, komme was da wolle. Unerschütterlich im eigenen Glauben an sich selbst und an seine Handlungen. Ein Polei geht unbeirrbar seines Weges und gehört immer zu den Erfolgreichen auf dieser Erde. Er lässt sich durch nichts, aber auch gar nichts erschüttern. Er ist stark, weiß 100%ig was er will und zeigt das nach außen.

Was ist ein Nelei-Mensch

Ein Mensch mit einer negativen Lebenseinstellung. Zu dieser Gattung zählen über 98% der Menschen. Leider und kein Ende ist in Sicht! Es gibt kaum Schulen auf dieser Erde, die den Kindern vermitteln, dass man mit einer positiven Lebenseinstellung wesentlich leichter durchs Leben kommt, als mit einer negativen.

Negatives fasziniert

Die Medien hätten sehr oft keine hohe Auflage, würden sie nicht permanent über das Negative berichten. Es übt eine Faszination auf Menschen aus. Viele fühlen sich förmlich davon angezogen und laben sich sogar daran. Auch wenn jetzt viele Leser in die Verneinung gehen. Fragen Sie sich allen Ernstes: Was fesselt Sie mehr, positive oder negative Nachrichten? Positive Nachrichten nimmt man zur Kenntnis, über das Negative wird jedoch viel länger nachgedacht und teilweise auch diskutiert.

Die Antwort des Einzelnen

Machen Sie gleich einmal die Probe aufs Exempel. Fragen Sie im näheren Umfeld, ob Ihr Gegenüber eher eine positive oder negative Lebenseinstellung hat! Da kommt in gut 98% der Fälle die Antwort: „Im Grunde genommen positiv, aber …!“ Dann geht es gleich los mit irgendwelchen Storys. Selbst ist man ja positiv, aber die lieben Mitmenschen. Wenn die nicht wären, hätte man es wesentlich leichter. Solche Aussagen sind natürlich völliger Blödsinn. Schauen wir uns das gemeinsam im nächsten Kapitel an.

Wie sieht es bei Ihnen aus

Bitte, seien Sie ganz ehrlich und erzählen Sie keine Geschichten. Mit der eigenen Wahrheit gehen viele sehr großzügig um. Gehören Sie nicht auch zu den Menschen, die immer wieder wachsweich sind? „Schon gerne würden, aber ..!“ Genau das ist einer der wichtigsten Gründe, weshalb die meisten Menschen nicht anfangen, ihr eigenes Leben zu leben. Setzen Sie dem Spuk ein Ende! Das haben Sie nicht nötig, oder?

Die beliebten Alibis

Wie ätzend, sich immer und immer wieder Alibis anhören zu müssen. Kennen Sie das nicht auch zur Genüge? Der Mensch ist ideenreich, eine nimmer versiegende Quelle. Für alles hat er sofort ein Alibi bereit! Das ist fatal, damit betrügt man nicht nur sich selbst, sondern gibt sich seiner eigenen Unfähigkeit preis. „Ich würde ja schon gerne, aber …!“

Ich bin ja so klein

Das ist die immer wieder gern gespielte Rolle: „Ich gegen den Rest der Welt!“ Oder umgekehrt: „Ich bin völlig in Ordnung, aber all die anderen. Wenn man mich endlich machen ließe, wie ich wollte, wäre natürlich alles ganz anders.“ Welch große Lüge! Wie kann man nur dies behaupten und überhaupt solch eine Einstellung haben?

Vorbilder

Wir sind in der Regel mit vielen, solchen Vorbildern aufgewachsen. Leben fast gänzlich in einer „Ja-Aber-Gesellschaft!“ Ja-aber ist zum großen Volkssport geworden. Eltern leben es ihren Kindern vor. In der Schule genauso. Das zieht sich bis ins Berufsleben hinein. Irgendwann hat es sich voll und ganz manifestiert. Es ist zu einer festen Größe geworden. Eines Tages ist man erwachsen und das bedeutet, dass man eine eigene Meinung haben darf und die Dinge entsprechend prüfen sollte, ob das alles noch zeitgemäß ist, oder eher das eigene Leben sabotiert.

Eltern sind schuld

Das bringen vor allem erwachsene Kinder gerne. Was für eine fiese Variante. Natürlich haben die Eltern mit Sicherheit nicht alles optimal gemacht. Gibt es das ein oder andere, was überhaupt nicht gut war. Deswegen darf man sich aber nicht darauf ausruhen und ein ganzes Leben darüber klagen. „Hätten meine Eltern doch damals nur, dann …!“ Die

Geschichte ist durch die Volljährigkeit abgeschlossen. Ihre Eltern haben getan, was sie getan haben. Rückgängig zu machen, ist dies keinesfalls mehr. Es ist bereits Vergangenheit und Sie sind mittlerweile erwachsen geworden. Stehen Sie endlich dazu, denken und handeln Sie wie ein Volljähriger.

Kinder sind schuld

Mütter arbeiten sehr gerne damit: „Ich würde ja schon gerne, aber mir sind die Hände gebunden. Meine Kinder sind noch klein!" Kennen Sie solche Geschichten? Die gehen folgendermaßen weiter: Die Kinder werden flügge und Mutti bleibt auf dem Level stehen, weil sie ihr ganzes Leben unter dieses Motto gestellt hat. Schon kommt die nächste Geschichte: „Jetzt bin ich zu alt!" Oder so ähnlich. Schade, viele großartige Frauen haben sich durch diese Einstellung, selbst ein Grab geschaufelt.

Die Schule ist schuld

Auch das hört man immer wieder. „Wir haben in der Schule nichts Gescheites gelernt." Dass viele Schulen nicht gerade den Lebensbedarf an positiver Einstellung und eine Lehre der menschlichen Erfolgsmechanismen abdecken, ist nichts Neues. Sie gibt oder gab aber zumindest eine Plattform, auf der aufgebaut werden kann. Es ist wahrlich nicht die Aufgabe einer Schule, den Bedarf für das ganze Leben zu decken. Nie und nimmer! Wir sprechen in der heutigen Zeit von „long-life-learning," was nichts anderes heißt, als lebenslanges Lernen. Dafür sind die meisten viel zu faul und träge, glauben nach wie vor, einmal Schule reicht für immer und ewig. Wir leben jedoch in einer anderen Epoche: Im so genannten Informationszeitalter!

Der Arbeitsmarkt

Der Arbeitsmarkt ist schuld, na klar doch. Wer denn sonst? Es gibt zu wenig Arbeit und deshalb kann man selbst nichts machen. Nach wie vor gibt es genügend Arbeit, nur sind zu wenige da, die diese Arbeit verrichten möchten. Ich sehe das in unserer Firma. Es sind einige Stellen offen, die viele Möglichkeiten bieten. Ich kenne viele andere Unternehmer, die teilweise sogar händeringend nach Mitarbeitern suchen. Oft scheitert es aber an der mangelnden Einstellung und Qualifikation. Anstatt hier eine Änderung des eigenen Lebens einzuleiten, sich bereit zu erklären, einmal einige Wochen ein Praktikum in einer Firma zu machen, um wieder integriert werden zu können, wartet man lieber darauf, dass ein Wunder geschieht. Nur Wunder gibt es auf dieser Erde nicht so oft!

Mein Partner ist schuld

Am Anfang einer Beziehung ist der eigene Partner das Allergrößte. Danach wird er zum Schuldigen degradiert, der so ziemlich für alles hinhalten muss. Das zeigt sich immer wieder bei den Scheidungsschlachten. Es ist unglaublich, was da abläuft und für ein Vernichtungskrieg geführt wird.

Hören Sie endlich auf

Das ist meine klare Botschaft an Sie! Egal, was Sie erlebt haben, möge es furchtbar schrecklich gewesen sein, es ist Vergangenheit. In dem Wort steckt ganz klar, es ist vergangen und damit aus und vorbei. Sie können es natürlich jeden Tag wieder hervorkramen und sich neu darin baden. Nur, was nützt und bringt es Ihnen? Wollen Sie gerne weiterhin hadern? Den Löffel des eigenen Lebens abgeben, womöglich bis an Ihr Lebensende? Ich glaube, diese Frage für Sie mit einem klaren Nein beantworten zu dürfen. Wieso tun Sie es dann? Fürchten Sie sich vielleicht, ab sofort selbst Verantwortung tragen zu müssen? Nicht mehr das kleine Mädchen oder den kleinen Jungen spielen zu dürfen? Für alles was man tut, die Verantwortung zu übernehmen, ist zugegebenermaßen nicht immer einfach, aber es befreit und Sie kommen in eine andere Dimension hinein.

Hören Sie endlich auf, mit Ihren Opferstorys

„Wissen Sie, ich würde ja schon gerne, aber …!“ Es gibt immer tausende von Gründen, die dagegen sprechen oder von denen eine Handlung abhängt. Wir suchen immer im Äußeren, nur selten bei uns, weil wir glauben, dass wir völlig in Ordnung sind. Nur die anderen, die sind es nicht.

Ihre Opferstorys

Im Erfinden von Opferstorys sind die meisten Menschen genial. Selbst würde man ja schon gerne, aber, aber, aber …! Es ist sehr mühsam, mit solchen Menschen klarzukommen. Sie machen sich selbst gerne zum Opfer. Damit schaden sie sich am meisten.

Schicksalsgebunden

Das ist die nächste, nette Geschichte. Man macht alles vom Schicksal abhängig und deshalb sind einem die Hände gebunden. Man kann ja gar nicht. Man würde ja so gerne, aber …!

Ja aber – die größte Lüge

Die allergrößte Lüge, die ein Mensch überhaupt verbreiten kann. Schlimm, dieses Denken sein Eigen zu nennen. Beim Lesen dieser Passage hat der ein oder andere von Ihnen mit absoluter Sicherheit den Gedanken in sich gespürt, der mit „Ja, aber …“ beginnt.

Stellen Sie es ab

Stellen Sie es sofort ab! Genau hier und jetzt. Arbeiten Sie nie mehr mit irgendwelchen Opferstorys. Sie sind kein Opfer! Sie sind volljährig, davon gehe ich zumindest einmal aus. Was das zu bedeuten hat, brauche ich Ihnen nicht zu erklären. Sie sind im Vollbesitz Ihres ganzen Potentials.

Können tun und lassen was Sie wollen, außer natürlich gegen geltendes Gesetz verstoßen.

Nutzen Sie die Möglichkeiten

Es ist Ihr Leben, Sie haben es in Ihrer Hand, Sie ganz alleine. Niemand anderes hat über Sie zu bestimmen. Wir leben in einem großartigen Land, mit allen Möglichkeiten, die ein Leben überhaupt bieten kann. Es ist Ihre absolute Pflicht, Tag für Tag dankbar dafür zu sein, in so einem Land leben zu dürfen, mit Freiheiten und Rechten. Es gibt leider auf dieser Erde viele Länder, in denen dies nicht möglich ist.

Werden Sie endlich erwachsen

Das ist wahrlich eine wunderschöne Aufgabe. Vielleicht haben Sie sich darüber bereits aufgeregt und das ist sehr gut so. Ein klares Zeichen, dass Sie getroffen wurden. Ansonsten haben Sie überhaupt kein Feeling dazu. Wenn Sie bereits erwachsen sind, können Sie diese Aussage nur unterstützen. Egal wo Sie stehen, sorgen Sie klar und deutlich dafür, dass Sie sich ab sofort wie ein Erwachsener benehmen. Es wird immer wieder Rückschläge geben, die gehören zum menschlichen Dasein dazu. Schlimm wird es erst, wenn sich diese manifestieren.

Babydasein

Ist bei fast allen eine wunderschöne Zeit, außer dass man permanent auf Hilfe angewiesen ist. Das ist weniger lustig. Ansonsten hat es schon etwas, diese permanente rundum Versorgung.

Kleinkinddasein

Das ist die Phase, in der man das ein oder andere alleine bewerkstelligen kann. Jetzt gibt es die ersten kleinen Pflichten und Gebote. Es ist nicht mehr ganz so locker, wie im Babyalter.

Kinddasein

Die Schulpflicht nimmt nun einen großen Teil des täglichen Lebens ein. Es ist nicht mehr alles so lustig. Die lästigen Hausaufgaben sind zu erledigen und noch manches andere dazu.

Jugendlichendasein

Die Pubertät ist voll da, man macht eventuell weiter mit der Schule, oder geht in die Lehre. Die ersten kleinen oder auch größeren Partnerschaften beschäftigen, freuen oder quälen uns.

Erwachsenendasein

Ab jetzt sind Pflichten zu übernehmen. Das ist für viele gar nicht mehr amüsant. Man ist vollends auf sich selbst angewiesen. Das hatte man ja schon in der Pubertät angestrebt, nur wenn es soweit ist, fühlt es sich anders an, als man es sich vorgestellt hat.

Das Elterndasein

Spätestens hier werden einem nochmals Grenzen und einige Pflichten mehr aufgezeigt. Jetzt ist man nicht mehr nur für sich selbst verantwortlich, sondern auch für ein oder mehrere Kinder.

Das Greisendasein

Wenn man Glück hat und alt werden darf, sollte man dieses genießen und dankbar sein. Was leider oft nicht zum Tragen kommt, da manche Zipperlein und des Öfteren auch finanzielle Sorgen vorhanden sind.

Jedes Alter hat seine Zeitqualitäten

Dies gilt es klar zu erkennen, zu akzeptieren und danach zu leben. Es gibt nichts Schlimmeres, als Menschen die versuchen, die Gesetze des Alters zu ignorieren. Das wirkt mehr als lächerlich und vor allem auch sehr töricht.

Babyzeit

Ein Baby hat keine Chance. Es ist und bleibt ein Baby, hat keine Möglichkeit, ein Erwachsenendasein zu führen. Es ist auf Gedeih und Verderb auf andere angewiesen.

Kleinkindzeit

Hier gibt es keinen klaren Übergang vom Baby zum Kleinkind. Sehr oft verfällt das Kleinkind zurück in das Babyalter und versucht daran festzuhalten. Auf der einen Seite möchte es größer sein und trotzdem ist es mit einem Fuß noch im Anfangsstadium. Das ist nicht weiter schlimm und gehört einfach zur Entwicklung dazu.

Kindzeit

Hier sollten die Strukturen gefestigt sein. Wenn jetzt ein Kind ins Babyalter zurückfällt, stimmt etwas nicht. Es auch noch in die Hosen macht, sollte man sich langsam aber sicher ein paar Gedanken darüber machen, was los ist.

Jugendzeit

Der Übergang vom Kind zum Jugendlichen geht oft mit einer ausgeprägten Pubertät einher. Es ist die Zeit, in der man weder Fisch noch Fleisch ist. Das ist keine leichte Phase, man muss sich völlig neu positionieren. Dies geht oft nicht ohne Schmerzen und Verzweiflung. Im Gegenzug ist man wieder himmelhoch jauchzend. Alles ist vertreten, in ganz kurzer Zeit. Von einem Moment auf den anderen. Manchmal ist man Kind und dann erwachsen. Das alles ist völlig normal, so lange man nicht ins Baby- oder Kleinkindgehabe zurückfällt.

Erwachsenenzeit

Spätestens hier sollte man alle vorhergehenden Stufen verlassen. Man ist weder Baby, Kleinkind, Kind noch Jugendlicher. Jetzt ist man erwachsen, mit allen Konsequenzen. Dies zeigt auch deutlich der Gesetzgeber, der das Erwachsenen-Strafmaß ansetzt. Viele schaffen es leider nie ganz, da werden oft spätpubertäre Szenen gespielt. Oft finden diese Spiele auch in der Partnerschaft statt. Dafür gibt es klare Indikatoren wie Trotzigkeit, Zorn und einige weitere! Das ist leider nicht mehr angebracht. Hier gilt es, den Stab des Lebens anzunehmen und entsprechend zu leben.

Greisenzeit

Manche Menschen werden mit großer Bravour alt und stehen voll und ganz zu ihrer Reife. Das sollte das eigentliche Ziel eines jeden Menschen sein. Manche fangen leider mit Kinderspielen an, versuchen sich in den Mittelpunkt zu rücken. Siehe eines von vielen Beispielen: Immer, wenn die Kinder in Urlaub fahren wollen, werden Oma oder Opa krank. Meistens sind es jedoch die Omas, die in ihre vermeintlichen Krankheiten flüchten, ohne dass jemals ein klarer Befund vorliegt. Das ist die übelste Form von Manipulation! Es funktioniert fast immer, denn die Tochter bringt es natürlich nicht übers Herz, die arme Mama zurückzulassen. Schon hat die Oma wieder gewonnen und wird dieses Spiel natürlich gerne weiterspielen.

Übernehmen Sie voll und ganz die Verantwortung für Ihr Leben

Es wirkt lächerlich, wenn man sich in der falschen Zeit bewegt. Im Übrigen ist es eine ganz fiese Art der Manipulation, die keinen Segen bringt. Sollten Sie so etwas machen, wenn auch nur ansatzweise, beenden Sie das üble Spiel heute noch. Sie werden dadurch viel freier, größer und stärker.

Spiele höchstens alleine

Wenn Sie wirklich das Gefühl haben, unbedingt spielen zu müssen, tun Sie es in den eigenen vier Wänden und niemals mit anderen Menschen. Alles andere ist unfair und letztlich im höchsten Maße kindisch. Sie sind doch erwachsen, wissen mehr oder weniger genau, was Sie wollen und was nicht. Stehen Sie einfach dazu!

Sie haben es nicht nötig

Das ist eine sehr wichtige Ausgangsbasis. Sie haben es wahrlich nicht nötig, solch üble Dinge zu tun. Sie betrügen dabei nur sich selbst. Das muss nicht sein und bringt im Übrigen kein Glück, wenn man andere Menschen immer wieder für die eigenen Bedürfnisse manipuliert.

Volle Verantwortung

Tragen Sie ab sofort die volle Verantwortung für alles was Sie tun, und für das was Sie nicht tun. Das macht Sie um ein Vielfaches freier und vor allem, was sehr entscheidend ist, zu einem unabhängigen Menschen. Unabhängig von der Meinung und der Situationen anderer. Das ist ein großartiges und einmaliges Gefühl. Fangen Sie damit an, Sie werden es nie mehr missen wollen.

Wer anderen die Schuld gibt, verleiht ihnen die Macht über sein Leben

Lassen Sie sich diesen Satz einige Male durch den Kopf gehen. Sprechen Sie ihn ganz leise nach. Ist das nicht Wahnsinn, was da passiert? Es ist unglaublich und unfassbar. Leider wissen nur die wenigsten Menschen, um diese geistigen Gesetze. Sonst würden Sie sich hüten, solche Sachen überhaupt nur ansatzweise anzuwenden.

Machtlos sein

Sie würden schon gerne, wie oft in Ihrem Leben. Es gibt immer viele Gründe, wieso und warum gerade jetzt nicht. Wie lange wollen Sie das Spiel noch weitertreiben? Ich gehe davon aus, nicht mehr lange, sonst hätten Sie dieses Buch bereits weggeworfen.

Sie sind nicht machtlos

Das sollten Sie sich in Ihr Bewusstsein rufen. Sie sind Herr über Ihr eigenes Leben und niemals der Spielball, von irgendwelchen äußeren Umständen. Sie haben es in Ihrer Hand, können sofort klare Stellung beziehen.

Sie sind völlig frei

Auch wenn Sie vielleicht das, was Sie gerade gelesen haben, sofort verneinen. Das weiß ich aus meiner Erfahrung von unzähligen Coachings. Zuerst wird in Opposition gegangen – ja aber, bei mir ist alles ganz anders! Blödsinn, wir sind alle Menschen und es sind immer wieder die gleichen Grundmuster, die ablaufen. Sie können es tun oder lassen! Ist das nicht wunderbar? Das Problem ist vielmehr, man hat Sie nie richtig gelassen und stets versucht, zu manipulieren. Sie haben dieses Spiel zugelassen und sogar mitgemacht. Daher der berühmte Ausspruch: „Was ich schon alles mitgemacht habe!“ Sie können es jederzeit ändern und aus dem Dilemma aussteigen. Das einzige was Sie hierzu benötigen ist Mut. Ändern Sie es, bevor es eines Tages zu spät ist.

Freiheit ist das Allergrößte im menschlichen Leben

Machen Sie sich bitte nie mehr kleiner, als Sie sind. Weder um andere zu manipulieren, noch um so zu leben. Sie haben Größe! In Ihnen steckt jede Menge Potential. Sie haben Power und Kraft. Entfesseln Sie diese wieder. Stehen Sie zu sich selbst und folglich gelangen Sie von ganz alleine an den Punkt, an dem Sie endlich und für immer sagen können: „So, jetzt fange ich endlich an zu leben!"

Freiheit, das höchste Gut

Freiheit ist das allerhöchste, menschliche Prinzip! Wir sind auf die Welt gekommen, um uns frei und voll zu entfalten. Wenn wir die Menschen anschauen, müssen wir leider genau das Gegenteil erkennen. Die meisten sind verängstigt, manipuliert, manipulieren selbst und liegen immer auf der Lauer, in der Angst was noch alles kommen kann.

Das Leben ist einmalig

Das ist den wenigsten richtig bewusst. Es ist einmalig, wie es das Wort ausdrückt. Sie haben keine Zeit mehr zu verlieren. Lassen Sie die unfairen Machenschaften anderen und sich selbst gegenüber. In erster Linie sind Sie sich der Nächste. Gehen Sie fair und korrekt mit sich um. Lassen Sie sich von niemandem mehr und in keiner Weise manipulieren.

„Nein" – eines der wichtigsten Wörter

Wenn Sie endlich anfangen wollen, Ihr Leben voll und ganz zu leben, gehört ein Wort zu den Allerwichtigsten. Es ist ein sehr kleines Wort, gar nicht kompliziert und trotzdem für die meisten nahezu unmöglich, es über die Lippen zu bringen. "Nein!" heißt das Zauberwort.

Sie müssen üben

Wenn Sie es noch nicht können, bleibt Ihnen nichts anderes übrig, als zu üben. Tag für Tag, immer wieder aufs Neue. Leider wurde den wenigsten dieses Wort richtig beigebracht. Hätte man mit Ihnen dieses Wort geübt, wären Sie für die anderen eher unbequem geworden. Genau das wollte man aber vermeiden. Folglich haben es alle, die irgendetwas mit Ihrer Erziehung zu tun hatten, vermieden.

Es ist nicht leicht

Natürlich ist es nicht leicht, kein Mensch hat das je behauptet. Es ist ein Prozess, teilweise sogar ein sehr langer! Je nachdem wie lange Sie schon auf dieser Erde leben. Fangen Sie einfach an und ziehen Sie täglich Bilanz: Wo war ich richtig gut? Wo darf es noch besser werden? Einfache Fragen, die korrekt beantwortet, wunderbar helfen mehr Überblick zu erhalten.

Wenn Sie nichts ändern

Wird Ihr Leben verlaufen wie bisher. Irgendwann wird es sich verschlimmern und Sie werden noch mehr leiden. Sie sind jedoch nicht zum Leiden auf diese Erde gekommen, sondern um zu leben und anderen Menschen einen Nutzen zu bieten. Das sollte Ihr oberstes Lebensprinzip sein!

Veränderung ist meist schmerzhaft

Die größte Angst der Menschen, ist die Angst vor Verlust. Etwas zu verlieren, bringt sofort Lähmung mit sich. Dabei ist genau das Gegenteil der Fall, wer loslässt ist offen für Neues. Das ist ein sehr einfaches und uraltes Erfolgsprinzip. Auch hier haben wir das Problem, dass solche Dinge kaum weitervermittelt werden. Solches Wissen behalten die Wissenden lieber für sich.

Dumme Menschen

Sind viel viel leichter zu manipulieren. Wären alle schlau, hätte man sie nicht mehr in der Hand. Folglich wird alles unternommen, dies zu vermeiden. Meine große Aufgabe ist es, Ihnen mit diesem Buch aufzuzeigen, wie großartig Sie sind und welches Potential in Ihnen steckt. Auf das Sie es annehmen mögen und auch entsprechend umsetzen.

Vorausdenkend

Wir sind die einzigen Lebewesen auf dieser Erde, die vorausdenkend und -schauend arbeiten können. Haben die wunderbare Möglichkeit, in unsere eigene Zukunft zu blicken, und diese zu überprüfen. Was könnte sein, wenn wir einiges ändern würden? Was wird sein, wenn wir nichts tun und alles beim Alten belassen?

Wer nichts ändern will

Braucht nicht erstaunt zu sein, wenn alles, aber auch wirklich alles beim Alten bleibt. Veränderung ist und war schon immer ein Garant, für ein abwechslungsreiches und spannendes Leben.

Kommen Sie endlich aus Ihrer Komfortzone heraus

Dies ist mit einer der schwierigsten Momente, im Leben eines Menschen. Die meisten verharren lieber in ihrer Komfortzone und ändern nichts. Weil die Macht der Gewohnheit einfach viel zu groß ist. Sie ist dermaßen übermächtig, dass man in letzter Konsequenz lieber alles beim Alten lässt.

Macht der Gewohnheit
Sie gehört zu den eher schlimmeren Krankheiten, im Leben eines Menschen. Dies behaupten viele: „Das haben wir immer so gemacht!" Damit blockieren sie bei vollem Bewusstsein jede Neuerung und die daraus resultierende Veränderung. Das ist sehr schade und vor allem töricht!

Von Natur aus träge
Der Mensch ist von Natur aus eher träge. Nur nicht zu viele Anstrengungen unternehmen. Neue Dinge bedeuten dies jedoch in Reinkultur. Das ist alles andere als besonders lustig. Da lässt man einmal mehr die Dinge beim Alten und klagt lieber darüber. Nur das gibt überhaupt keinen Sinn. Im Gegenteil, je länger der alte Zustand anhält, desto krankmachender wird er. Das kann sicherlich nicht Ihren Interessen entsprechen.

Aufraffen zu neuen Ufern
So lautet die klare Devise. „Packen wir es an, es gibt viel zu tun!" Lieber heute als morgen. Je schneller man dieses Prinzip versteht, desto eher gibt man Vollgas. Nur zu welchen neuen Ufern soll es gehen? Das ist die große Frage. Es gibt so viele Möglichkeiten, die uns das Leben bietet. Das Leben ist immer Fülle ohne Ende! Nur wir Menschen machen etwas anderes daraus.

Klare Zielsetzungen

In den nächsten Kapiteln werden wir diesen Gedanken noch um einiges mehr festigen. Nur wer weiß, wohin er will, hat die Chance und Mittel, sein Ziel zu erreichen. Wer aufs offene Meer hinausfährt, ohne einen Zielhafen zu haben, wird sich verirren. So kommen mir sehr viele Menschen vor. Sie haben sich verirrt, verloren, das ist fatal.

Was macht Ihnen Spaß

Das ist die grundlegende Frage, bevor eine Veränderung ins Leben gerufen werden kann. Was macht Ihnen Freude? Wo blühen Sie auf? Wo geht es Ihnen richtig gut? Wann kommen Sie in den Flow-Bereich hinein? Das Leben ist Spaß, Freude und nichts anderes. Nur haben das viele Menschen noch nicht verstanden. Sie halten das Leben eher für eine Qual, es darf keine Freude bringen. Welch armseliges Leben, mit solch einer Einstellung.

Einstellung ändern

Denken Sie daran, als Polei-Mensch kommen Sie wesentlich leichter durchs Leben. Polei bedeutet: Menschen mit positiver Lebenseinstellung! Es macht Spaß und Freude, Dinge zu bewegen und engagiert zu sein. Dadurch voll und ganz in seiner Mitte zu leben.

Sie wissen es genau

Tief in Ihrem Herzen wissen Sie ganz genau, was Sie möchten. Sie spüren, was Ihnen gut tut und was nicht. Sie haben alle Fähigkeiten in sich vereint. Verschaffen Sie sich wieder Zugang dazu. Fangen Sie endlich an, ausschließlich Ihr Leben zu leben.

Was Spaß macht

Genau das macht frei! Dies ist eine ganz wichtige Lebensmaxime, die Sie sich unbedingt zu Eigen machen sollten. Sie verlieren dabei völlig das Gefühl für Zeit und Raum. Sie geraten in die so genannte Flow-Phase! Alles geht leicht von der Hand. Sie müssen sich überhaupt nicht mehr anstrengen. Das Leben ist Freude pur und große Dankbarkeit.

Flow – der schönste Moment

Das Gegenteil von Flow, wenn die Zeit überhaupt nicht vorbeigeht. Alles nur unendlich mühsam ist, man immer wieder auf die Uhr schaut und erstaunt ist, dass kaum einige Minuten vergangen sind. Im Flow sind

Sie überrascht, wie spät es schon ist. Sie haben völlig Zeit und Raum vergessen. Genau hier müssen Sie hinkommen. Das ist Leben in seiner Leichtigkeit! Es lohnt sich, arbeiten Sie täglich daran.

Was bringt Sie in Flow

Es gibt einige Dinge in Ihrem Leben, die führen Sie auf direktem Wege in den Flow. Das ist der Bereich, in dem Ihnen alles leicht fällt. Finden Sie diese Situationen heraus und halten Sie sie fest. Nur das, was man festgehalten hat, kann man immer wieder nachlesen.

Wann geraten Sie in Flow

Das sind genau die Momente, in denen alles passt und ganz leicht läuft. Suchen Sie diese Situationen, finden Sie genau heraus, wann dies der Fall ist. Es lohnt sich sehr, sich intensiv damit zu beschäftigen. Ihr Leben muss es Ihnen wert sein.

Wieso geraten Sie in Flow

Da müssen Sie etwas tiefer einsteigen. Was sind letztlich die Ursachen, die bei Ihnen zu einem Flow-Erlebnis führen? Nehmen Sie sich Zeit und finden Sie es heraus. In dem Moment, wo man die Mechanismen erkannt hat, ist man auch imstande, sie stetig zu aktivieren.

Wer bringt Sie in Flow

In erster Linie Ihre Lebenseinstellung und wie Sie damit umgehen. Dann kommen die Menschen dazu, mit denen Sie es zu tun haben. Wer sind diese? Wie läuft es genau ab? Was geschieht bei diesem Prozess? Wie lange dauert er? Sind das Polei-Menschen, die Sie bereichern und Ihnen gut tun? Oder handelt es sich um Nelei-Menschen, die Sie mit Ihrer negativen Lebenseinstellung infiltrieren? Viele Fragen, die Sie bitte jetzt gleich beantworten sollten und nicht später.

Leben Sie endlich in der Gegenwart

Das ist der größte Anspruch, den Sie an sich haben müssen. Nur in der Gegenwart, das heißt genau hier und jetzt, findet das eigentliche Leben statt. Alles was hinter Ihnen liegt, gehört absolut zur Vergangenheit. Was vor Ihnen liegt, zu Ihrer Zukunft. Die Gegenwart ist jedoch die einzige Zeit, in der wir aktiv leben!

Fehler der Vergangenheit

Der größte Fehler, den ein Mensch begehen kann, ist in der Vergangenheit zu leben. Leider tun das immer mehr Menschen. Sie erzählen von der damals glorreichen oder schlechten Zeit. Was soll das Ganze? Es ist vorbei, buchstäblich vergangen und wird auch nie mehr wieder kommen. Dies gilt es endlich zu verstehen und zu akzeptieren.

In jungen Jahren

Da sagt man immer, wenn ich einmal größer bin, dann …! Im Alter spricht man fast nur noch von der Vergangenheit und vergisst dabei völlig die Gegenwart. Sie leben ausschließlich im "Hier und Jetzt!" Rückblickend auf den gestrigen Tag, ist dies bereits schon Vergangenheit.

Zukunft ist fraglich

Letztlich ist die Zukunft sowieso sehr fraglich. Oder wissen Sie ganz genau, dass Sie morgen, in einem oder in dreißig Jahren noch leben werden? Ganz bestimmt nicht! Sie können mit Gewissheit nur eines sagen, dass Sie gerade jetzt im Moment leben. Das muss völlig ausreichen. Was wollen Sie mehr?

Gegenwart kaputt machen

Wollen Sie das wirklich, in dem Sie immer nur an das Vergangene denken? Kann das Ihr Leben sein? Ich glaube nicht. Genauso wenig wie nur an die

Zukunft zu denken, dass alles, aber auch alles besser oder sogar noch viel besser wird. Ich wünsche Ihnen von ganzem Herzen die tägliche Kraft, Ihr Leben entsprechend zu gestalten und konsequent umzusetzen.

Das Leben ist keine Generalprobe

Wenn Sie das erst einmal erkannt haben, ist dies die halbe Miete. Viele Menschen leben wirklich so, als wäre das Leben eine Generalprobe. Dabei ist es bereits die Uraufführung und was vorbei ist, ist vorbei und kommt nie wieder.

Zeit läuft

Unsere Lebenszeit läuft und läuft. Tag für Tag, Stunde um Stunde wird sie weniger. Eines Tages ist unser Leben vorbei. Wann, das wissen wir nicht. Ob das gut ist oder nicht, sei dahingestellt. Wir haben nur die Gewissheit, dass es irgendwann vorbei sein wird. Von jetzt bis dorthin, nennt man Leben.

Meisterleistung

Machen Sie täglich aus Ihrem Leben eine große Meisterleistung! Tun Sie es, warten Sie nie mehr darauf, dass sich die Dinge von alleine ändern. Sie werden es nicht tun. Sie sind derjenige, der die entsprechenden Maßnahmen einleiten muss. Raus aus der Komfortzone, rein ins eigene Leben!

Nachholbar

Das glauben sehr viele Menschen, dass alles stets nachzuholen ist. Dem ist leider nicht so. Was Sie nicht getan haben, können Sie nie mehr nachholen. Hier spricht man von Zeitqualität. Das heißt, jede Zeit hat Ihre Qualität und was vorbei ist, ist vorbei.

Seien Sie wachsam

Das ist eine ganz wichtige Maxime. Das Schlimmste, aber auch wirklich das Allerschlimmste ist, eines Tages aufzuwachen und festzustellen, dass die Lebensuhr fast abgelaufen ist. Man noch so viel vor hat, und jetzt reicht teilweise die Zeit und auch die Kraft nicht mehr aus, es zu tun.

Traurige Momente

Diese Dinge erkennen zu müssen, gehört sicher mit zu den traurigsten Momenten im Leben eines Menschen. Das erleben wir tausendfach in Gesprächen mit älteren Mitmenschen. Die einfach nur traurig und frustriert ihr Leben Revue passieren lassen. Dabei feststellen müssen, dass sie sich alles ganz anders vorgestellt haben. Jetzt die traurige Gewissheit, dass das Leben bald vorbei sein wird.

Ihre geistige Vorstellungskraft schafft Wirklichkeit

Eine wunderschöne und kraftvolle Aussage. Ihre geistige Vorstellungskraft schafft Wirklichkeit! So einfach ist das, wenn Sie dabei die notwendigen Dinge tun, steht Ihrem neuen Leben überhaupt nichts mehr im Wege. Fangen Sie an, verschieben Sie nichts mehr auf irgendwann. Ohne jetzt ein Schreckenszenario zu gestalten, irgendwann ist Ihr Leben vorbei. Wie schön und traumhaft, wenn Sie es tatsächlich voll und ganz gelebt haben. In der Gewissheit: „Ich habe mein Leben mehr als gelebt, darüber bin ich sehr dankbar und glücklich!"

Anders vorgestellt

Das war die Aussage im letzten Kapitel. Ältere Menschen sagen das sehr oft, dass sie sich alles ganz anders vorgestellt haben. Der Wunsch alleine reicht nicht aus. Danach muss unbedingt die Aktion erfolgen. Taten sind gefragt, denn ohne dass man sich in Bewegung setzt, tut sich nichts.

Tägliches Controlling

Das ist etwas, was die meisten Menschen total vernachlässigen. Man hat seine Wünsche und macht sich mehr oder weniger auf den Weg. Nun passiert das, was immer passiert, es gibt unendlich viele Störungen. Lässt sich ablenken, anstatt Scheuklappen aufzusetzen und unbeirrt seinen Weg zu verfolgen.

Schriftlichkeit

Zuerst stellen Sie sich in Ihrem Geiste vor, was Sie gerne sein und haben möchten. Dann schreiben Sie dies sofort auf. Machen Sie Ihre Hausaufgaben, auch wenn sie Ihnen im Moment sehr lästig erscheinen. Ich kenne das aus eigener Erfahrung. Manche Dinge werden permanent wieder aufgeschoben. Dabei wissen wir, dass es keine Zeit mehr gibt, die Dinge nachzuholen.

Tun Sie es auf alle Fälle

98% der Menschen, dies erlebe ich oft auf den Lehrgängen und beim Coaching, finden die Schriftlichkeit unnötig. Das ist aber bei allen Unternehmungen der erste, wichtige Schritt.

Die Erfolgsformel

Es gibt eine einfache, sichere und perfekte Erfolgsformel. Diese kennen Sie bereits, und wenden sie regelmäßig an. Vermutlich jedoch nie konkret und klar, sondern mehr nach dem Zufallsprinzip. Das reicht nicht aus, um wirklich etwas im Leben zu bewegen. Das sind Sie sich schuldig! Sie haben das Anrecht auf ein schönes, glückliches und reichhaltiges Leben hier auf Erden. Oder wollen Sie sich das für Ihr Leben nach dem Tode aufbewahren? Ich denke nicht! Mein Motto auf den Lehrgängen zur Selbstfindung ist stets: „Meine Damen und Herren, bitte denken Sie daran, es gibt sehr wohl ein Leben vor dem Tode!"

Die Erfolgsformel

Z + P + T + K! So simpel ist die Formel. Genau hier liegt einmal mehr das große Problem. Weil es so einfach ist, tun es die meisten nicht. Sie ignorieren es, oft mit fatalen Folgen. Das Thema dieses Buches lautet klar und deutlich: "Fange endlich an zu leben!" Die Botschaft, auf nichts mehr zu warten, sondern jetzt zu handeln. Von früh bis spät in die Nacht hinein, Ihr Leben zu leben! Nachfolgend schauen wir uns die einzelnen Positionen genauer an.

Beschäftigen Sie sich damit

Der erste Schritt zum Erfolg ist, sich mit den dazu notwendigen Dingen zu beschäftigen. Das ist einmal mehr keine Frage der Lust oder Unlust. Es ist ein absolutes Muss! Nehmen Sie jetzt gleich ein Blatt Papier zur Hand und fangen Sie an, alles genau aufzuschreiben. Bitte tun Sie es sofort. Sie kennen das Prinzip der ewigen Verschieberitis? Wir Menschen neigen einfach dazu, fast alles zu verschieben. Solange bis wir buchstäblich unser eigenes Leben verschoben haben.

Bitte ohne Zensur

Viele Menschen fangen bereits vor dem Schreiben an, das Ganze im Kopf zu zensieren. Das ist mehr als dumm! Es geht zunächst um das so genannte Brainstorming. Das heißt, alle Gedanken die das Gehirn produziert, werden aufgeschrieben und gesammelt. Erst im zweiten Schritt erfolgt die Selektion.

Nicht denken

Fangen Sie beim Aufschreiben nicht zu Denken an. Dadurch sind Sie bereits wieder im Vorfeld blockiert. Das ist töricht, denn Denken ist eher ein Hemmschuh. Lassen Sie Ihren Gefühlen freien Lauf. Die ersten Gedanken sind immer die besten. Schreiben Sie diese gleich auf!

Viel Spaß dabei

Ich wünsche Ihnen von ganzem Herzen, bei Ihrer Zielplanung viel Spaß und Freude. Nutzen Sie diese sehr schönen Momente in Ihrem Leben. Leider beschäftigen sich die wenigsten Menschen intensiv mit sich selbst und dem eigenen Leben. Für ein neues Kleid, einen Urlaub oder Auto wird viel mehr Energie aufgewendet.

Z steht für Ziele

Ziele sind das tragende Element auf dem Weg zum Erfolg. Ohne klare Ziele gibt es keine Chance, das Leben zum Erfolg zu führen. Es ist nachgewiesen, dass Erfolgreiche immer sehr genau wissen, was sie wollen und was nicht. Sie haben eine ganz konkrete Zielvorstellung und verfolgen diese mit großer Vehemenz. Was machen Sie?

Der Bogenschütze

Jeder Bogenschütze visiert sein Ziel. Er hat eine Zielscheibe und will ins Schwarze treffen. Nicht mehr und nicht weniger. Was ist Ihr Ziel? Wo möchten Sie hin? Was möchten Sie alles erreichen, haben und sein? Im Marketing spricht man von der Zielgruppe. Wenn ich keine Ziele habe, keine Zielgruppe, geht die ganze Energie ins Nichts! Leider, leider verstehen das viele Menschen überhaupt nicht. Dabei ist es ganz einfach.

Ziele müssen klar sein

Genau das ist für viele Menschen ein großes Problem. Sich endlich bewusst zu werden, was sie wirklich wollen und was nicht. Klar, deutlich und unmissverständlich ist die wichtigste Ausgangsbasis, auf dem Weg zum Erfolg!

Ziele müssen konkret sein

Sehr konkret sogar. Nicht irgendwelche wachsweichen Aussagen wie: „Es wäre schon schön ...!" Ein kleines Beispiel, dass dies sehr deutlich macht. Entweder will ich etwas, dann tue ich es auch. Setze mich voll und ganz ein, oder lasse es. Dazwischen sind wir schon wieder im Bereich der Halbschwangerschaft.

Ziele müssen messbar sein

Das ist der nächste, wichtige Schritt. Ziele die nicht messbar sind, können auch nicht kontrolliert werden. Was nicht kontrollierbar ist, liegt außerhalb unseres Einfluss- und Lebensbereiches. Das können und dürfen wir uns als Menschen nicht erlauben. Ein Beispiel direkt aus unserer Praxis. Wir fragen: „Was sind Ihre Träume, Wünsche und Ziele?“ Fast immer kommt die Antwort: „Ich möchte gesund, glücklich, zufrieden sein und genügend Geld haben.“ Schauen wir uns die einzelnen Positionen an.

Gesund sein

Das ist weder klar, konkret noch messbar. Ab wann ist man gesund? Was sind die Indikatoren dafür? Ist gesund sein, nur die Abwesenheit von spürbaren Erkrankungen? Was ist es genau? Wie definieren Sie Ihre eigene Gesundheit? Was ist hierfür erforderlich, das Sie sich gesund fühlen?

Glücklich sein

Welch frommer Wunsch! Nur ab wann bin ich glücklich? Was muss alles sein, damit ich glücklich bin? Glück ist ein sehr großer, dehnbarer Begriff. Wo fängt für Sie Glück an? Was benötigen Sie hierfür?

Zufrieden sein

Hier genau das Gleiche, ab wann bin ich zufrieden? Was benötige ich dazu? Wer kann mir dabei helfen? Wie oft will ich zufrieden sein? Wann bin ich es auf gar keinen Fall?

Genügend Geld

Welch fatale Aussage. Lassen Sie diesen Satz in Ruhe auf der Zunge zergehen. Genügend Geld, wie viel haben die meisten Menschen? Einfach nur genügend! Nicht mehr und nicht weniger. Das war schließlich der entsprechende Wunsch und dieser hat sich erfüllt. Vielmehr müsste die Antwort klar, konkret und messbar lauten: „Ich will im Monat € 3.000.- haben!“ Jetzt sind die Fakten deutlich. Alles andere ist zu ungenau.

Beispiel Auto

„Ich will ein Auto!“ Gut, damit ist eines klar, Sie möchten ein Auto. Nur, was für ein Auto? Es gibt so viele Autos auf dem Markt. Möchten Sie ein kleines? Einen Geländewagen, Sportwagen, eine Limousine, einen Zweisitzer oder lieber einen Fünfsitzer? Wie viel PS soll der Wagen haben? Welche Farbe hätten Sie gerne außen und innen? Welche Ausstattung soll es sein? Sport- oder Komfortsitze, Klimaautomatik oder lieber per Hand einzustellen? Radio mit Kassettenabspielgerät, lieber mit CD oder vielleicht sogar mit MP3-Player? So geht man bis ins kleinste Detail vor. Erst wenn alles geklärt ist, wird entsprechend bestellt. Alles andere ist viel zu ungenau und von keinem Verkäufer zu realisieren.

P steht für Planung

Nachdem genau feststeht, wonach einem ist, alle Fakten klar und deutlich sind, geht man in die so wichtige Planungsphase. Macht sich einen Plan. Beispiel: Was muss ich alles tun, um € 3.000.- monatlich zur Verfügung zu haben? Von alleine wird sich hier nichts tun. Sie müssen schon einige Dinge, ein wenig anders angehen, um dahin zu gelangen. Denn wer weiterhin nur das tut, was er bisher getan hat, wird immer nur das Gleiche erhalten.

Ohne Planung geht nichts

Leider glauben das viele Menschen. Sie dürfen es immer wieder erleben, dass es letztlich ein großer Trugschluss ist. Sie kennen bestimmt das Sprichwort: „Gut geplant, ist halb gewonnen!“ Nutzen Sie dies, machen Sie es zu Ihrer eigenen Maxime. Sie tun sich mit all Ihren Aktivitäten wesentlich leichter. Wieso immer den schweren Weg gehen, wenn es auch einen Königsweg gibt!

Planung bis ins Detail

In die Details gehen, so lautet der Auftrag. Das hilft, das Ganze präzise umzusetzen. In der Planungsphase kommen einem immer wieder viele Ideen und man erhält oft neue Inputs. Das alles kann man sofort mit einfließen lassen. Planung ist ein Moment der absoluten Kreativität! Hier ist noch alles offen. Siehe als wunderschönes Beispiel der Bau eines Hauses. Im Vorfeld gibt es fast keine Limits. Wenn man dann versucht, mittendrin etwas zu ändern, wird es schon schwieriger. Folglich lieber im Vorfeld sich mehr Zeit dafür nehmen.

Welche Maßnahmen sind erforderlich

Was ist alles wichtig, sehr wichtig oder letztlich sogar uninteressant? Hier spricht man von einer klaren Reihenfolge, damit alles entsprechend gelingt und zum Erfolg beiträgt. Wenn Sie einen Kuchen backen möchten, wissen Sie im Vorfeld genau, welche Zutaten Sie einkaufen müssen.

In welcher Reihenfolge diese dazu kommen und wie lange der Backvorgang dauert. All dies, damit Sie Ihr Werk später auch bewundern und mit Genuss essen können.

Worst-case-Plan

Als weiterer, wichtiger Planungspunkt kommt der so genannte Worst-case-Plan zum Tragen. Darüber müssen Sie sich im Vorfeld Gedanken machen und nicht erst, wenn es zu Problemen gekommen ist. Dieser Plan hilft, wenn es ganz schlimm wird. Er sagt, was zu tun ist. Man darf nicht lange überlegen, es muss alles sitzen.

Zeitlimit

Alles hat irgendwann einen Anfang und ein Ende. Passen Sie dabei sehr gut auf sich auf. Es muss bis ins kleinste Detail stimmen. Sie dürfen nicht einfach nur anfangen, respektive darauf los arbeiten, ohne zu wissen, wann das Ende einzuläuten ist. Wenn ich mit Zeitlimits arbeite, werden die Projekte wesentlich schneller erledigt. Ohne zieht sich vieles eine Ewigkeit hin. Das wollen Sie sicherlich in Ihrem neuen Leben nicht mehr.

Kontrolle

Genauso wird eine Kontrolle eingeplant. Wann etwas stattzufinden hat und was zu tun ist, wenn einige Zielsetzungen noch nicht erreicht wurden. Das heißt: Nichts, aber auch gar nichts mehr dem Zufall zu überlassen!

Hilfen

Welche Planungshilfen können Sie hinzunehmen? Wozu dienen diese und welche Menschen können Sie um Rat bitten? Welche sollten Sie tunlichst nicht darum bitten? Hier denke ich vor allem an Personen aus den eigenen Reihen, die sehr oft mit klugen Sprüchen kommen: „Habe ich dir doch gleich gesagt! Wer nicht hören will, muss fühlen!" Um nur einmal zwei zu nennen. Sie benötigen kompetente Profis an Ihrer Seite. Optimal ist ein sehr erfolgreicher Coach, der selbst mit Bravour sein Leben meistert.

Motivation

Ist ein ganz wichtiger Faktor. Es muss Sie vor lauter Motivation förmlich nach vorne katapultieren. Ohne Wenn und Aber! Was sind das für Faktoren? Woher sollen Sie diese holen und wie gehen Sie damit am effizientesten um? Gar nicht so einfach! Es ist sehr lohnenswert, sich darüber bereits im Vorfeld intensiv Gedanken zu machen.

T steht für Tun

Tun, Handeln, ist die ganz große Devise. Das Schlimme daran, dass leider sehr gute Projekte bereits in der Planung sterben, weil viele nie über die Planungsphase hinauskommen. Es fehlt den meisten schlicht und einfach der Mut. Wo man mit solch einer Einstellung landet, kennen wir bereits. Im übernächsten Kapitel werden wir uns nochmals intensiv damit beschäftigen. Es ist ein zentraler Punkt, ob Sie starten und das Ganze zum Erfolg bringen oder nicht.

Planung ist sehr wichtig

Irgendwann muss diese abgeschlossen sein und los geht es mit dem Handeln. Alles andere ist wieder eine reine Luftnummer. Ohne dass Sie es anpacken, hat sich noch nie etwas auf dieser Erde getan. Siehe das Beispiel mit Urlaub: Sie planen in Urlaub zu fahren, buchen das Hotel und den Flug. Alles ist optimal geplant und organisiert. Nur an dem betreffenden Tag stehen Sie morgens einfach nicht auf und fahren nicht zum Flugplatz. Was nützt da die ganze Planung?

Just do it

Ist die klare Botschaft, die uns die Amerikaner stets vorleben. Einfach anfangen, loslegen und alles kommt in Bewegung. Ihr neues Leben beginnt. Die meisten Menschen in unserer Hemisphäre neigen jedoch zum Perfektionismus! Da wird lieber lange herum gegrübelt, was wohl wie und überhaupt. Wird überlegt, was alles passieren könnte und würde, wenn …! Kennen Sie das auch? Kommt Ihnen das bekannt vor? Ich glaube schon.

Wie lange noch

Wie lange wollen Sie noch so weiter machen? Super gute Ideen haben, jede Menge Pläne schmieden und nie anfangen? Haben Sie noch nicht bemerkt, wie frustrierend das Ganze ist? Wie ätzend und letztlich demotivierend?

Das heißt, irgendwann geben Sie auf! Sie kapitulieren, weil Sie von vorneherein genau wissen, wie das Spiel wieder enden wird.

Wann wollen Sie es tun

Geben Sie sich eine klare Antwort. Wann soll es losgehen? Wann sind Sie soweit? Wann haben Sie die Power? Legen Sie sich auf die Minute fest und nicht wie so oft: „Ich werde mal langsam anfangen …!" Welch schreckliche Aussage. Die Frage ist: Wann werden Sie beginnen? Mit ein „bisschen" und „langsam" werden Sie kein Rennen gewinnen.

Wieso tun Sie es

Es muss einen Sinn geben, wieso Sie manches tun und anderes nicht. Je klarer Sie das wissen, desto mehr hilft es Ihnen, wenn es einmal klemmt. Es ist einfach so im Leben, dass es nicht nur steil bergauf geht, sondern genauso auch wieder runter. Wie gut, wenn Sie Ihr Motiv kennen. Lassen Sie sich nicht von kleinen Störungen demotivieren oder sogar zum Aufgeben bewegen. Ein hohes Engagement ist gefragt! Sie müssen voll und ganz dahinter stehen. Sonst werden Sie zu guter Letzt Ihr ganzes Leben verbraten, ohne jemals richtig damit angefangen zu haben. Das ist das Traurigste, was passieren kann.

Engagement

Ihr Engagement muss sich immer nach der Größe der Aufgabe richten. Einen Kuchen zu backen, bedingt nicht den gleichen Aufwand, wie ein eigenes Geschäft aufzubauen. Seien Sie sich darüber stets im Klaren, wann und wie es losgehen soll, wie viel Zeit Sie in Ihr neues Leben investieren möchten.

Tag und Nacht

Tun, dieses kleine Wort bedeutet nichts anderes, als dass Sie sich Tag und Nacht engagieren sollten. Natürlich wird jetzt ein Großteil der Leser sagen: „Moment mal, nachts muss ich doch schlafen!" Das sollen Sie ja auch, die Frage ist nur, was ist Ihr letzter Gedanke, wenn Sie abends ins Bett gehen? Denken Sie an Ihre Ziele und Ihren Erfolg! Oder machen

Sie es so wie die meisten Menschen, denken eher an das Schlechte, den Misserfolg? Die Qualität Ihrer Gedanken, beim Zubettgehen, bestimmt die Qualität Ihrer Nacht und des Morgens! Sicherlich haben Sie schon von den Heinzelmännchen gehört, die da sehr aktiv sind.

Nicht unnötig trödeln

Wenn Sie das Wort TUN rückwärts lesen, heißt es NUT. Das bedeutet: Nicht unnötig trödeln! Genau das ist der Punkt bei vielen. Da wird immer und immer wieder getrödelt und abgewartet, ob sich nicht von alleine etwas tun wird. Das ist ein reiner Wunschtraum, der nicht in Erfüllung gehen kann. Denn vor den Preis haben die Götter den Fleiß gesetzt!

K steht für Kontrolle

Diejenigen die es geschafft haben, relativ zügig die klaren Ziele festzuhalten, einen vernünftigen Plan zu erstellen und gleich loszulegen, bei denen hapert es spätestens bei der Kontrolle. Hier tun sich viele richtig schwer. Man ist es einfach nicht gewohnt, zu kontrollieren. Dabei ist diese Position in einer Firma eine der wichtigsten. Ohne Kontrolle herrscht meistens Chaos!

Der Navigator

Auf Schiffen und in Flugzeugen ist er eine der wichtigsten Personen. Denn ohne Navigator wüsste man nicht, wo man sich gerade befindet. Stellen Sie sich vor, Sie fliegen über den Atlantik, sind schon gut drei Stunden über dem offenem Meer und plötzlich sagt der Kapitän beiläufig: „Meine sehr verehrten Damen und Herren, hier spricht ihr Kapitän. Wir haben gerade ein kleines Problem, wir wissen nicht mehr, wo wir sind!" Sie würden sich sicherlich nicht mehr wohl fühlen, bei der ganzen Sache. Damit das möglichst nicht vorkommt, gibt es den Navigator, der sich um nichts anderes kümmert. Auch Sie müssen stets wissen, wo Sie stehen!

Wieso Kontrolle

Weil ohne Kontrolle oft das blanke Chaos herrscht. Da gibt es den schönen Spruch: „Sie verloren ihr Ziel aus den Augen und verdoppelten ihre Anstrengungen!" Das sagt mehr als genug aus. Der Kontrolleur überprüft genau, wie viel getan wurde und wie weit man noch vom Ziel entfernt ist. Das tut sich nicht von alleine. In Ihrem Falle sind Sie Macher und Kontrolleur in einer Person! Kein leichtes Unterfangen, aus dem Grund haben es die meisten überhaupt nicht im Griff.

Wie oft Kontrolle

Diese Frage wird sehr gerne gestellt und ist leicht zu beantworten: Mindestens einmal am Tag, ist die eigene Position zu überprüfen! Nicht erst nach Wochen, Monaten oder Jahren. Die meisten machen sich immer erst auf den Weg, wenn es irgendwo klemmt. Leider ist es dann oft zu spät.

Wer kontrolliert Sie

Wenn Sie nicht angestellt sind oder jemanden über sich haben, müssen Sie das ganz alleine tun. Eine sehr schöne Hilfe hierbei ist natürlich ein Coach, dessen Aufgabe immer Fordern und Fördern ist. Sie haben mit einem Vollprofi, eine starke Hilfe an Ihrer Seite.

Große Firmen

Haben eine eigene Kontrollabteilung. Das sind die Jungs, die man in der ganzen Firma nicht so mag, weil sie jedem genau auf die Finger schauen und alles durchleuchten.

Fangen Sie an

Wenn Sie Ihr Leben ändern möchten, sollten Sie endlich anfangen, Ihr Leben zu leben. Sie kommen nicht darum herum, sich intensiv mit sich selbst und der gegebenen Situation zu befassen. Wir sprechen hier vom so genannten IST-Zustand. Dabei sollten Sie auch stets den SOLL-Zustand im Auge behalten. Das ist die einzige Möglichkeit, richtige und anhaltende Veränderungen herbeizuführen.

Mut oder Armut

Dieses Prinzip ist sehr einfach darzustellen. Das Problem ist, dass viele Menschen eine große Klappe, aber keinen Mut haben. Wer keinen Mut hat, wird auch nicht anfangen und loslegen. Der wartet lieber auf eine supergünstige Gelegenheit, um richtig zuschlagen zu können. Das uralte Märchen von: „Man müsste etwas erfinden, dann hat man es gepackt!“ Das hört sich sehr gut an, wenn jemand mit irgendetwas zum Erfolg gelangt ist. Dabei darf niemals außer Acht gelassen werden, wie lange es gedauert hat. Wie viele Entbehrungen derjenige auf sich genommen hat, bis es endlich soweit war. Schenken wir uns lieber gleich diese Denkweise und kommen sofort ins Handeln.

Haben Sie Mut

Ja oder nein? Antworten Sie klar und belügen Sie sich bitte nie mehr. Von wegen: „Ja, eigentlich bin ich schon mutig, aber …!“ Alleine das Wort „eigentlich“ sagt mehr als genug. Es gibt kein eigentlich, entweder es ist so oder nicht. Genauso die alten Ja-aber-Geschichten, die mehr als übel und abgedroschen sind.

Wieso zögern Sie immer

Wieso zögern Sie immer wieder in Ihrem Leben? Was ist der Grund, dass Sie ein Stück weit kommen und dann wieder aufgeben? Wie lange möchten Sie das Theater noch mitmachen? Fünf, zehn, zwanzig Jahre oder vielleicht sogar bis an Ihr Lebensende? Wenn Sie etwas wollen, wirklich wollen, tun Sie es einfach. Worauf wollen Sie warten?

Wie soll Ihr Leben enden

Welch komische Frage, finden Sie nicht auch? Ja, wie soll Ihr Leben am Ende ausschauen? Auf diese Frage kommt meistens die Antwort: „Das weiß ich doch nicht!“ Ja, wer soll es dann wissen, wenn nicht Sie höchstpersönlich? Sie sind, oder sollten es zumindest sein, der Herr über Ihr Leben! Nie mehr der Spielball von anderen.

Sie kennen es bereits

Sie wissen was passiert, wenn Sie arm an Mut sind? Dann werden Sie über kurz oder lang in der Armut landen, auch wenn Sie das jetzt im Moment sicherlich mit Vehemenz abstreiten und nicht wahrhaben wollen. Nicht nur finanziell, sondern auch körperlich, geistig und seelisch. Das kann niemals Ihr Ernst sein. Fangen Sie an, fangen Sie wirklich an! Egal womit, Hauptsache Ihnen geht es gut dabei. Schauen Sie weder nach rechts noch nach links. Gehen Sie Ihren Weg des Erfolges. Lieber heute als morgen.

Die 48-Stunden-Regel

Sie ist sehr bedeutend und kommt überall zum Tragen. Die meisten Menschen wissen nicht darum und geraten dadurch unnötig in Stresssituationen hinein. Was noch viel tragischer ist, sie versagen sich dadurch selbst den Erfolg.

Sie müssen anfangen

Das ist die erste und wichtigste Grundregel. Loslegen! Innerhalb von 48 Stunden, müssen Sie die ersten Taten, in die neue Richtung bereits vollzogen haben. Damit geraten Sie automatisch in den Sog des Erfolges. Das heißt: Eines ergibt sehr schnell das andere!

Nicht warten

Das Dümmste, was man überhaupt machen kann, ist warten und nochmals warten. So eine Vorgehensweise zermürbt und das Endresultat ist: Es gibt keine Bewegung nach vorne, in die richtige Richtung! Egal wie alt Sie sind, kommen Sie unbedingt ins schnelle Handeln. Auch wenn das vielleicht im Moment nicht ganz Ihrem Naturell entsprechen sollte. Sie werden sich daran gewöhnen und über den daraus resultierenden Erfolg freuen.

Zaudern und Zögern

Eine furchtbare, chronische Krankheit, die so viele Menschen mittlerweile befallen hat. Das kann sicherlich nicht gut sein und die Tendenz ist steigend. Zaudern und Zögern macht buchstäblich krank. Das darf niemals Ihr Lebenselixier sein.

Zweifel

Nach dem Zaudern und Zögern folgen gleich die Zweifel. Ob das alles seine Richtigkeit hat? Ob das gut ist? Was könnten die anderen denken?

Was ist, wenn es daneben geht? Alles unnötige Gedanken, die ins Leere führen.

Ängste

Nach den Zweifeln kommen die Ängste. Diese blockieren ziemlich rasch und stark. Ängste sind wie ein lähmendes Nervengift. Passen Sie deshalb sehr gut auf sich und Ihr Leben auf! Sie sollten es sich wert sein, Ängste durch Handeln zu überwinden.

Falsche Berater

Geschürt wird das Ganze zusätzlich noch von falschen Beratern, die es alle nur gut mit Ihnen meinen und dabei ausschließlich sich selbst im Visier haben. Falls Sie das verneinen sollten, überprüfen Sie diese Aussage bitte permanent. Am schlimmsten sind die Berater aus der eigenen Familie. Wenn Sie es nicht glauben und denken, dass bei Ihnen alles ganz anders ist, kann ich nur sagen: Herzlichen Glückwunsch, dass Sie in so einer großartigen Familie aufgewachsen sind. Bleiben Sie trotzdem wachsam.

Blockaden

Nach den Ängsten und falschen Beratern, kommen die Blockaden hinzu. Welch ein tolles Feeling, jetzt dürfen Sie sich in die Reihe der Blockierten einreihen und können sich darüber freuen, endlich Gleichgesinnte gefunden zu haben, mit denen man über diese Ungerechtigkeiten lamentieren kann.

Frust

Irgendwann werden Sie ein Frustbad nach dem anderen nehmen und dabei immer wütender werden. Kennen Sie das nicht? Schauen Sie sich einfach ein wenig um. Ist das nicht schrecklich, wie viele Menschen wütend und frustriert sind? Von früh bis spät am Jammern. Mehr zu dem Thema in meinem Buch: „Höre endlich auf zu jammern!“ Welch ein schreckliches Leben.

Ende

Das Ende vom Lied, wenn die Regel nicht befolgt wird, ist immer Stillstand. Das ist eine ganz komische, um nicht zu sagen furchtbare Situation. Es geht weder vorwärts noch rückwärts. Ein Vakuum entsteht, in dem man nur krank werden kann. Das Leben besteht in seiner Gesamtheit aus Entwicklung und nochmals Entwicklung. Das Wort Stillstand ist schlicht und einfach nicht existent. Was sich nicht weiterentwickelt und wächst, stirbt.

Was ist Ihre Motivation

Was motiviert Sie, treibt Sie an? In dem Wort Motivation ist das Wort Motiv enthalten. Das ist die primäre und alles entscheidende Frage. Was motiviert Sie, motiviert Sie wirklich? Immer ein wenig mehr in die Tiefe eintauchen. Viele sind einfach zu oberflächlich!

Was ist Ihr Motiv

Kein leichtes Unterfangen, wenn man sich noch nie richtig damit beschäftigt hat. Es ist jedoch entscheidend. Ohne Motiv wird man sich nicht in Bewegung setzen, oder nur mit sehr geringem Antrieb. Das sieht man Tag für Tag.

Beispiele zur Motivation

Nehmen wir einige Beispiele, um zu überprüfen, was Motivation verursacht und was nicht.

Michael Schuhmacher: Welche Motivation hat er? Was glauben Sie? „Ist doch logisch," werden Sie jetzt sagen. „Seine Motivation ist es, zu gewinnen und wieder Weltmeister zu werden!" Nicht mehr und nicht weniger. Was wird er dafür tun? Alles was möglich ist, und noch viel mehr. Sein ganzes Leben ist davon beseelt. Und das schon seit zwei Jahrzehnten.

Verkaufs-Personal: Wie ist deren Motivation? Auch hier sagen Sie mit Recht: „Das ist doch klar!" Richtig, Sie kennen die Situation: Man braucht Hilfe in einem Einkaufsmarkt und muss oft das Verkaufs-Personal suchen, um fast devot, um Hilfe zu bitten. Kurz wird erklärt, rechts, links, zweites Regal, untere Ebene. Alles klar, herzlichen Dank für die kompetente und vor allem schnelle Hilfe.

Bürokratie: Kennen Sie das? Sie ganz klein auf der einen Seite, die Beamten auf der anderen. Nettes Gefühl, wie groß war da schon Ihre Ohnmacht? Sie möchten am liebsten, Sie können aber nicht, weil es Ihnen Ihre gute Kinderstube verbietet.

Das waren nur einige kleine Beispiele. Wir könnten das jetzt Seite für Seite fortführen. Das ist nicht Sinn der Sache. Es geht ausschließlich um einen kleinen Input für Sie, was Motivation ist. Natürlich gibt es großartiges Verkaufspersonal und Beamte, die mehr als bemüht sind. Es gibt aber leider auch jede Menge Unmotivierte. Sie haben überhaupt keine Lust, ihnen ist einfach alles viel zu lästig.

Wie sieht es bei Ihnen aus

„Kommt darauf an!" So lautet meistens die Antwort. „Eigentlich bin ich ganz gut drauf, aber die anderen!" Wenn ich wirklich gut drauf bin, stören mich die anderen nicht. Gehe meinen Weg, verfolge meine Ziele unabhängig von der Meinung anderer Menschen. Ich bin völlig immun, arbeite konsequent und vor allem permanent auf mein Ziel zu.

Machen Sie sich frei

Das ist ein ganz wichtiger Schritt. Endlich Verantwortung zu übernehmen und sich völlig frei von der Meinung der Mitmenschen zu machen. Wieso sind Sie sich selbst nicht gut genug? Wo ist Ihr Selbstvertrauen und Selbstwertgefühl? Arbeiten Sie daran, das ist Ihre ganz große Pflicht! Das hat nichts mit Lust oder Unlust zu tun.

Wie kommen Sie dahin

Viele Menschen, die unsere Seminare besuchen, sagen: „Motivieren Sie mich bitte wieder!" Das ist fatal, wir können Sie nicht motivieren. Nur Inputs geben und die Mechanismen zeigen, auf die es ankommt. Den Rest muss jeder selbst erledigen. Es wäre zu schön, Motivation wie in einem Supermarkt einkaufen zu können.

Halten

Der nächste wichtige Punkt ist, die Motivation auf hohem Niveau zu halten. Kurzfristig einmal schnell einen Kick zu haben, motiviert zu sein, ist kein großes Problem. Jedoch anhaltend dabei zu bleiben, ist die hohe Kunst. Hier zeigt sich der Meister! Strohfeuer brennen viel zu schnell ab.

Umsetzen

Wie handhaben Sie das Ganze? Wer hilft Ihnen dabei? Hierauf kommt fast nie eine Antwort. Das jemand helfen muss, ist für viele ein Zeichen von eigener Unfähigkeit. Man möchte sich schließlich nicht abhängig machen. Lieber immer wieder selbst rumwursteln.

Hilfe holen, ist keine Schande

Bitte prägen Sie sich diesen Satz ganz fest ein! Manchem hat der Stolz das Genick gebrochen. Sie dürfen stolz sein, aber nicht stur. Das wäre dumm. Möchten Sie das sein? Natürlich nicht, davon gehe ich aus. Sonst wären Sie nicht bereits auf dieser Seite angelangt. Alle Erfolgreichen dieser Erde haben um sich herum einen Beraterstab, den Sie jederzeit fragen können. Nur die Erfolglosen glauben nach wie vor, alles alleine bewerkstelligen zu müssen. Vergessen Sie es! Wenn Sie erstmals die andere Seite erlebt haben, wie großartig und toll das ist, werden Sie sich besser fühlen und auch Ihre Motivationskurve wird steigen.

Kraft ohne Ende

Das ist das Ziel, zu welchem Sie endlich hingelangen müssen. Dort ist es viel besser und angenehmer. Nehmen wir als Beispiel noch einmal Michael Schuhmacher. Man mag von ihm halten, was man will. Eines ist er jedoch auf alle Fälle: Ein hoch motivierter Autokünstler! Wir schreiben jetzt das Jahr 2006, und er kämpft immer weiter. Das letzte Jahr war für ihn eine große Pleite, aber er hat nicht aufgegeben. Er weiß: „Wer aufgibt, hat für immer verloren!“ Er spielt noch nicht einmal mit dem Gedanken. Er denkt fortlaufend nur: „Ich bin ein Sieger und ich werde wieder auf dem Treppchen stehen!“

Erfolgsgarant

Der einzige Erfolgsgarant sind Sie ganz alleine! Niemand anders ist für Ihren Erfolg verantwortlich. Sie haben es in Ihrer Hand, können alles erreichen, wenn Sie nur Ihre Handbremse lösen. Fangen Sie an, haben Sie den Mut dazu! Sie werden es nicht bereuen.

Bringen Sie immer höchstes Engagement

Sie sind Tag für Tag voll und ganz gefordert. Arbeiten Sie bitte nicht mit halber Kraft. Sonst kommen Sie nie zum Erfolg. Das ist ähnlich wie bei dem Landwirt, der nicht das ganze Saatgut auf den Acker bringt, weil er keine Lust dazu hat. Sparen möchte und lieber alles seinem Lauf überlässt. Nach dem Naturgesetz von Aussaat und Ernte, wird seine Ernte bescheiden ausfallen. Wer ist schuld daran? Er ganz alleine und niemand sonst.

100% reichen nicht

100% Leistung reichen nicht aus. Früher hatte das keine Bedeutung. Man hat fast in allen Bereichen eine Monopolstellung gehabt. Diese Zeiten sind längstens vorbei. Heute gibt es von allem viel zu viel. Mitbewerber ohne Ende, mit denen man konkurrieren muss, ob man will oder nicht.

+ 10% Extraleistung

Das ist das Mindeste, mit dem Sie operieren müssen. Die berühmte Extraportion, der Mehrwert! Das begeistert die Kunden, weil sie einfach mehr für ihr Geld erhalten, als erwartet. Die Amerikaner sagen hierzu: „Go the extra mile!“ Lauf eine Extrameile und du gewinnst viel mehr, als alle anderen.

+ Herzblut

Zum krönenden Abschluss geben Sie immer und unbedingt noch Herzblut mit dazu. Man nennt dies auch das Feuer der Begeisterung. Wie heißt es so schön: „Was zum Herzen will, muss von Herzen kommen!“ Ist das nicht wunderschön? Genau hier klemmt es bei den allermeisten Menschen.

Haben möchten viele vieles

Nur dafür mehr Gas geben, eine Meisterleistung zu vollbringen, damit tun sich die meisten schwer. Es ist alles eine riesige Last und Mühsal. Man möchte sich keinesfalls groß anstrengen müssen, für rein gar nichts. Wir leben heute im so genannten Vollkaskozeitalter. Immer nur fordern und dabei möglichst wenig geben. Wozu denn auch, wenn einem von ganz alleine gegeben wird.

Wo wollen Sie hin

Das ist einmal mehr die alles entscheidende Frage. Wenn Sie das endlich wissen, können Sie sich selbst ausrechnen, wenn Sie so weitermachen wie bisher, ob Sie da überhaupt jemals hingelangen. Es lässt sich einfach ausrechnen und hat nichts mit Glück zu tun, wie so viele Menschen glauben.

Ich möchte auch einmal Glück haben

Kennen Sie diesen Spruch? Bestimmt nehmen Sie ihn auch in den Mund. Nur Glück kommt nicht von alleine! Glück will konsequent und permanent erarbeitet werden. Wir glauben einfach viel zu oft, dass die anderen alle Glück haben, wir leider nicht dazugehören und dass dies ungerecht ist.

Werden Sie aktiv

Das ist die klare Botschaft an Sie. Wenn Sie nicht aktiv werden, haben Sie auch kein Glück. Sie kennen bestimmt den schönen Ausspruch: „Jeder ist seines Glückes Schmied!“ Der trifft heute noch zu und das wird so bleiben.

Fata Morgana

Darunter leiden sehr viele Menschen. Es sieht immer alles so einfach aus. Man setzt sich auf einen Stuhl, beantwortet ein paar Fragen und schon ist man Millionär, für alle ewigen Zeiten. Ist das nicht ein bisschen zu traumhaft? Das wären ja paradiesische Zustände. Folglich lautet die Botschaft: „Du musst nicht viel arbeiten, es geht auch einfacher!“

Träumen ist schön

Träumen ist sehr schön, nur alleine davon wird sich leider gar nichts tun. Sie müssen aktiv sein, überdurchschnittlich sogar, und Sie werden erstaunt sein, was sich dadurch alles tun wird. Andere wiederum werden das bei Ihnen als reines Glück abtun. Sie kennen bestimmt den Spruch: „Der hat halt Glück gehabt!“ Keiner fragt, was notwendig war, um überhaupt dahin zu gelangen.

Glück ist steuerbar

Sie brauchen nicht zu warten, bis das Glück zu Ihnen kommt. Laufen Sie ihm entgegen. Das Glück gehört dem Tüchtigen und es wartet bereits seit langem auf Sie. Machen Sie sich endlich auf den Weg! Warten Sie nicht mehr, aber auch gar nie mehr. Jeder Tag, an dem Sie warten und nichts tun für Ihr Glück, ist wahrlich ein verlorener Tag in Ihrem Leben. Sie wissen bestimmt noch, dass das Leben endlich ist, was nichts anderes heißt, als dass die Tage gezählt sind.

Hartnäckigkeit

Macht sich immer bezahlt. Bringen Sie die herausragende Mehrleistung! Sie werden wesentlich zufriedener, gewinnen die Ausstrahlung eines Erfolgreichen und kommen dadurch endlich in die Phase, in der Sie sich täglich sagen können: „Bin ich froh, dass ich endlich angefangen habe zu leben!" Es lohnt sich, ein absoluter Traum, sein Leben voll und ganz zu leben und nicht ewig in der Passivität zu verharren.

Durchhaltevermögen

Ist das nächste, große Thema. Dem haben wir zum Schluss ein ganzes Kapitel gewidmet. Denn ohne Durchhaltevermögen wird nichts passieren. Es ist eine der ganz wichtigen Eigenschaften eines Menschen.

Daran glauben

Das kommt dazu: Sie müssen an Ihren Erfolg und an sich glauben! Denn wenn Sie es nicht tun, wer soll es sonst tun? Da gibt es nicht viele Menschen auf dieser Erde, die voll und ganz an Sie glauben. Ich glaube ganz fest an Sie, an Ihr Können und Ihren Erfolg! Sie haben alles in sich, was ein Mensch überhaupt nur benötigt. Seien Sie dafür dankbar und glücklich. Legen Sie endlich los!

Ihre Zukunft ist mehr als grandios, sofern Sie es zulassen

Unendlich viele Menschen sorgen sich permanent um ihre Zukunft. Schreckensszenarien werden gemalt und förmlich darin gebadet. Dies ist mittlerweile zum großen Sport geworden. Nur, was bringt es Ihnen? Haben Sie sich das einmal überlegt? Wer sich permanent in Problemen wälzt, wird nur selbst zum Problem. Sollte Sie das jetzt in irgendeiner Form berühren, freue ich mich sehr darüber. Es hat in Ihrem Inneren etwas ausgelöst.

Wo geht es hin

Das ist die große und treibende Frage. Was wird sein? Da verharrt man ehrfürchtig vor dem Großen, was da kommen möge und vergisst im Hier und Jetzt zu leben. Sie haben es in Ihrer Hand! Machen Sie sich dies bewusst.

Schicksal – das große Thema

Viele Menschen lassen sich gern ihre Zukunft voraussagen. Andere wiederum sind unsicher, sogar ängstlich und hoffen, dass sie eine gute Zukunft haben werden. Dass das Schicksal nur nicht zuschlagen möge. So verharren sie lieber verängstigt und warten. Warten alleine hat bisher noch nie etwas in Bewegung gebracht. Viel besser ist klar und deutlich, nach der Formel Z+P+T+K vorzugehen.

Ihre Gefühle

Was machen diese? Drehen sie sich wie ein Karussell, immer schneller und schneller? „Werde Herr deiner Gedanken und damit auch deiner Gefühle!" Damit ist sehr vieles geregelt und es erleichtert ungemein das ganze Dasein.

Haben Sie endlich vertrauen zu sich selbst

In dem Wort vertrauen ist enthalten: Sich zu trauen! Das ist die große Geschichte, sich zu trauen. Endlich die richtigen Dinge, in der richtigen Reihenfolge zu tun. Wann fangen Sie damit an? Wenn ich das die Leute auf den Seminaren oder beim Coaching frage, kommt fast immer die Antwort: „Sofort!"

Sofort ist sofort

Genau damit tun sich die Menschen aber sehr schwer. Schnell mal Ja sagen, ist kein Problem. Wenn es aber ans Eingemachte geht, an die tatsächliche Umsetzung, klemmt es plötzlich an allen Ecken und Enden. Da gibt es auf einmal viele Gründe, wieso es gerade jetzt nicht funktionieren kann und noch einige Handicaps vorhanden sind.

Sie sind das Problem

Das ist die klare Ausgangsbasis. Im Abschlusskapitel werden wir uns mit dem Thema intensiv befassen. Das Problem dabei ist, dass die meisten Menschen immer glauben, die anderen seien das Problem, dabei sind sie es selbst. Nur das zu erkennen und zuzugeben, ist wahrlich kein leichtes Unterfangen. Nun die entsprechenden Schlüsse und Maßnahmen zu ziehen, da hört es bei den meisten auf. Sie lassen es einfach lieber, wie es war.

Trau dich endlich

Wovor hast du nur Angst, du armer geplagter Mensch? Warum fürchtest du dich? Oder bist du einfach nur ein Schauspieler, der gerne jammert und klagt? Davon gibt es mehr als genug. Dabei ist es wunderschön und vor allem so befreiend, wenn man sich endlich traut, die Handbremse löst und einfach loslegt. „Der Mut kommt beim Handeln!“ Beim Nichtstun kommt genau das Gegenteil, das große Nichts mit noch mehr Hemmnissen und Ängsten.

In der Hoffnung zu leben, ist gefährlich

Ewig in der Hoffnung zu leben, dass alles gut und besser wird, ist sehr gefährlich. Denn Hoffnung bedeutet fast immer Passivität. Aus dieser heraus kann sich rein gar nichts entwickeln. Verlassen Sie die Passivität so schnell wie möglich. Sie haben es in Ihrer Hand! Gestalten Sie Ihr Leben. Packen Sie es an und verabschieden Sie die Hoffnung.

Hoffen bis zum Tode

Viele hoffen ein ganzes Leben lang. Dass es besser wird und die Dinge sich zum Guten wenden. Man kann es nie genug betonen, von alleine wird sich nichts ändern. Diese Erkenntnis dürfte wahrlich nicht so schwer sein.

Hoffen, reich zu werden: Das tun viele Menschen. Mittwochs und am Samstag ganz besonders. Sie kennen es, Ziehung der Lottozahlen, danach könnte man es gepackt haben. Ansonsten hofft man einfach, dass sich vielleicht von irgendwoher noch etwas auftun könnte. Man erwartet ein Wunder. Hofft irgendetwas zu finden, womit man viel Erfolg hat und reich wird.

Lösung: Das ist alles schön und gut. Nur, so wird sich einfach nie etwas ändern. Klare Zeichen haben hier auch die Lottomillionäre gesetzt. Viele sind nach dem Gewinn ärmer, als jemals zuvor. Aus einem ganz einfachen Grund: Sie sind es nicht gewohnt, mit Geld umzugehen und haben es nie gelernt. Hier trifft das Motto zu: „Wie gewonnen, so zerronnen!" Das Thema kann nur lauten: Höre endlich auf zu warten! Mach dich auf den Weg. Bringe überdurchschnittliche Leistung in dem Gebiet, welches dir Spaß macht. Zusätzlich noch viel Durchhaltevermögen und du wirst es packen! Nicht heute oder morgen. Jedoch in spätestens fünf Jahren. So lange dauert es in der Regel, bis man sich etabliert hat, es zum Durchbruch kommt. Das Problem hierbei ist, dass die meisten, genau 95%, bereits im ersten Jahr wieder aufgeben.

Hoffen, gesund zu werden: Unzählige Menschen hoffen, gesund zu werden oder zu bleiben. Es ist die Hoffnung bei Krankheit auf Heilung. Auch hier wird sich jedoch von alleine nichts tun.

Lösung: Hoffen ist gut, jedoch ohne dass man sich selbst bewegt, wird es in der Regel sehr schwer werden. Da gibt es die nette, kleine Geschichte: In der ein Patient Petrus in seinem Gebet anfleht, Gott möge ihn endlich gesund machen. Worauf Petrus antwortet: „Ja, und was wirst du dazu beitragen? Du weißt ganz genau, hilf dir selbst, dann hilft dir Gott!" Eine wunderschöne kleine Geschichte, mit viel Tiefe. Leider werden immer mehr Menschen zu reinen Nehmern. Sie erwarten alle nur noch und vergessen dabei völlig, dass man selbst etwas dazu beitragen muss. Wenn ich gesund werden oder bleiben möchte, muss ich alle Register ziehen. Es ist nicht einfach damit getan, zum Doc zu gehen und zu sagen: „Nun mach mal schön, lieber Arzt. Das ist doch deine Aufgabe!" Sie müssen sich selbst an die Kandare nehmen und aktiv mitarbeiten. Dabei sollten Sie niemals die erste Meinung, als die pure Wahrheit akzeptieren! Seien Sie stets wachsam und überprüfen Sie immer Alternativen. Das ist nicht nur Ihr gutes Recht, sondern auch Ihre Pflicht, sich selbst das Bestmöglichste angedeihen zu lassen. Pfarrer Kneipp sagte schon: „Wer nicht jeden Tag etwas für seine Gesundheit tut, wird eines Tages sehr viel Zeit haben für seine Krankheiten!" Kommt Ihnen das bekannt vor? Lassen Sie es nie und nimmer soweit kommen.

Hoffen, einen lieben Partner zu finden: Es wird schlimmer, wir werden zusehends eine Gesellschaft von Singles. Immer mehr Beziehungen und hier vor allem Ehen, fallen auseinander. Diese Tendenz wird sich weiter fortsetzen. Danach beginnt die Hoffnung, auf einen neuen und guten Partner.

Lösung: Sie müssen sich klar darüber werden, was Sie genau möchten? Wollen Sie einen Partner, um ein wenig Spaß zu haben oder einen festen Lebenspartner? Soll er bis an Ihr Lebensende bei Ihnen bleiben? Wie soll er aussehen, was für Eigenschaften muss er besitzen? Und vieles mehr. Auf die Frage „Was hättest du gerne für einen Partner?" kommt fast immer, und hier vor allem von Frauen, die Antwort: „Einen lieben und treuen Mann!" Na klasse, wenn das so einfach wäre. Einen lieben und treuen Mann, das kann nicht alles sein. Wenn Sie sich mit dem Thema ernsthaft befassen möchten, lesen Sie mein Buch „Ein Millionär als Traumpartner!" Da geht es intensiv, um das Thema Partnerschaft und wie man endlich zu einer glücklichen Beziehung gelangt.

Hoffen, eine gute Stelle zu bekommen: Das ist für viele heute zu einem zentralen Thema geworden, in einer Zeit von Stellenabbau und Kündigungen. Dies wird noch zu nehmen.

Lösung: Anstatt zu hoffen, bald wieder etwas zu finden und sich einfach nur auf andere zu verlassen, ist es wesentlich sinnvoller, sich auf den Weg zu machen. Einfach nur Bewerbungsschreiben rauszujagen und hoffen, dass man wenigstens zum Gespräch eingeladen und eventuell genommen wird! Das zermürbt unnötig und ist im höchsten Maße uneffizient. Gehen Sie lieber direkt hin und machen Sie PM, was nichts anderes heißt als Public Motivation. Sie motivieren das Publikum mit und durch Ihre eigene Person. Sie bieten den Firmen in einem persönlichen Gespräch ein kostenloses Praktikum an. Seien Sie ruhig großzügig, das Mindeste sollten vier Wochen sein. So hat die Firma die Gelegenheit, Sie persönlich im Betriebsalltag kennenlernen zu dürfen. Ihre Chance genommen zu werden, steigt dadurch um ein Vielfaches. Viele Firmen sind bereit, Sie kostenlos aufzunehmen, denn es bedeutet für die Firma kein Risiko. Sie sollten diesen Weg einfach gehen. Ich kenne viele Arbeitslose und diese sagen bei diesem Vorschlag sofort: „Ich bin nicht blöd und arbeite kostenlos für andere, damit sich diese an mir bereichern können!" Wer zu guter Letzt der Blödeste ist, wird sich noch zeigen. Bevor ich herumsitze, warte und hoffe, werde ich lieber selbst aktiv und ändere etwas an meiner Situation.

Hoffen, dass aus den Kindern etwas wird: Welch komischer Anspruch der Eltern.

Lösung: Sie sollen nicht hoffen, sondern Ihren Kindern in erster Linie ein Vorbild sein – und keine jammernden und schimpfenden Eltern. Mit positivem Beispiel und viel Tatendrang voran. So dass Ihre Kinder an Ihnen sehen können, dass es sich einfach lohnt, in Bewegung zu bleiben und aktiv sein Leben zu gestalten. Viele Eltern sind leider genau das Gegenteil von dem, was sie oft predigen. Kinder sind da sehr feinfühlig, reagieren schnell auf solche Unstimmigkeiten und Unwahrheiten. Es ist immer wieder erstaunlich, wie viel Feinsinn sie besitzen. Kinder, vor allem kleine Kinder, haben die wunderschöne Eigenschaft, voll und ganz den Eltern nachzueifern. Das legt sich natürlich im Laufe der Zeit und ganz besonders während der Pubertät, wo eher versucht wird, das Gegenteil zu machen. Geben Sie Ihren Kindern die bestmöglichste Schulbildung. Hier gilt es ganz besonders das Schulsystem zu überprüfen: Ist es das alte Beamtentum oder eher ein leistungsbezogenes System? Bevor Sie Ihr Kind in die nächst beste Schule schicken, sollten Sie sich intensiv damit befasst haben. Genauso gibt es zusätzlich Förderungsmöglichkeiten. Entscheidend ist, dass Ihre Kinder möglichst viele Inputs bekommen, um sich entsprechend zu entwickeln. Je besser die Ausgangsbasis, desto wertvoller das Leben danach. Also nicht hoffen, sondern planen und handeln.

Aktion ist gefragt

„Sich regen, bringt Segen!" Das steht in direktem Zusammenhang mit Ihrem Wunsch, endlich mit dem Leben zu beginnen. Heute noch, jetzt gleich loszulegen. Damit Ihr Leben endlich die Gestalt annimmt, von der Sie schon immer geträumt haben. Raffen Sie sich auf, kommen Sie raus aus der Komfortzone!

Raus aus der Hoffnungsfalle

Das Schlimmste an den Menschen ist, dass Sie sich eine Falle stellen und natürlich selbst reinfallen. Das kann nicht lustig sein, oder? Sind Sie wirklich so masochistisch veranlagt? Hoffen, hoffen und nochmals hoffen. Ein Leben lang und bis ins Grab hinein.

Nicht hoffen, sondern planen

Der wichtigste Schritt ist, in die Planung und gleich in die Umsetzung zu gehen. So müssen Sie nicht mehr hoffen, dass es wird. Sie wissen genau, Sie müssen nur weitermachen bis es funktioniert. Sie geben vorher einfach nicht auf! Es dauert und dauert, das wissen Sie im Vorfeld und aus diesem Grunde haben Sie auch keinen Stress wie die meisten, wenn die Dinge nicht über Nacht einen Ertrag bringen.

Erwartungshaltung ist zerstörend und enttäuschend

Kommen Sie endlich weg von den ewigen Erwartungen. In dem Wort erwarten ist das Wort „Warten“ enthalten. Vom Warten heraus tut sich rein gar nichts. Sie kennen das Sprichwort: „Sich regen, bringt Segen!“ Es heißt nicht: „Warten bringt Segen!“ Je schneller dies umgesetzt und verstanden wird, desto leichter wird das Leben. Alles andere endet wieder in Enttäuschungen. Wie oft möchten Sie sich das Programm noch geben? Vielleicht brauchen Sie die wiederkehrenden Enttäuschungen, dann ist das natürlich eine ganz andere Sache.

Erwartungen ohne Ende

Die meisten Menschen beamen sich von einer Erwartung in die Nächste, und damit gleich von einer Enttäuschung zur anderen. Das kann nicht gut sein. Denn jede Enttäuschung kostet nun einmal Zeit, Kraft und Energie, die Sie für Wesentlicheres benötigen. Es ist Ihre Aufgabe, dies wahrzunehmen. Sie müssen Ihren Energiepegel auf hohem Niveau halten. Nur so können Sie alle Aufgaben optimal und in der nötigen Zeit vorantreiben.

Wunden lecken

Kennen Sie das Spiel? Sie haben eine Erwartung, diese wird nicht erfüllt. Sie fühlen sich enttäuscht, bekommen Frust, ziehen sich zurück. Danach versuchen Sie es wieder aufs Neue, obwohl Sie tief in Ihrem Inneren genau wissen, dass das Resultat wieder so aussieht wie immer. Die nächste Enttäuschung ist vorprogrammiert und irgendwann begraben Sie Ihre Wünsche. Sie ziehen sich zurück und lecken Ihre Wunden, enttäuscht von der ganzen Welt. Fühlen sich als Opfer, obwohl Sie so gut sind. Dabei sind Sie das Problem und nicht die anderen.

Erwartungshaltung

In diesem Wort ist enthalten: Erwartungs-halt-ung. Halt bedeutet Stillstand! Anstatt etwas zu tun, warten Sie in starrer Haltung. Begreifen Sie diesen wichtigen Aspekt und fangen Sie nicht mit der alten Ja-Aber-Geschichte an. Oder: „Bei mir ist alles ganz anders!" Ich betone das immer wieder, weil einfach zu viele Menschen der Meinung sind, dass bei ihnen prinzipiell immer alles anders ist. Das ist hausgemachter Blödsinn. Verabschieden Sie sich heute noch von diesen furchtbaren, lähmenden und teilweise auch zerstörerischen Glaubenssätzen. Diese bringen Sie nicht voran, in keinster Art und Weise. Denken Sie daran: „Sie sind angetreten, um endlich zu leben!"

Wer erwartet alles

Es gibt kaum Menschen auf dieser Erde, die nicht irgendwo eine Erwartungshaltung gegenüber ihren Mitmenschen haben. Lassen Sie mich hier einige aufführen. Wesentlich mehr und eine ausführliche Beschreibung finden Sie in meinem Buch: „Höre endlich auf mit Deiner Erwartungshaltung!"

Eltern ihren Kindern gegenüber: Das ist oft himmelschreiend, welchen Anspruch und Erwartungshaltung Eltern ihren Kindern gegenüber hegen. Da muss ich stets nachhaken: „Ja, und wie war das damals bei Ihnen?" Wenn die Eltern einen Hauch von Verstand haben, müssen Sie fast immer zugeben, dass sie nicht so gut waren, wie sie es jetzt von ihren Kindern erwarten. Im Übrigen sind Kinder ja nicht ganz doof, wie Eltern das oft annehmen. Sie sind sehr feinfühlig und merken, ob die Eltern schummeln oder die Wahrheit erzählen. Für Kinder gibt es in der Tat nichts Schlimmeres, als entlarvte Eltern. Fangen Sie lieber gar nicht erst mit solchen Sachen an. Sprechen Sie mit Ihren Kindern, fragen Sie, welche Vorstellungen diese haben. Das ist ein wichtiger Schritt, erst dann sind Sie an der Reihe. Stellen Sie Ihre Vorstellungen vor und fragen das Kind, ob es eine Schnittstelle gibt. Wenn das Kind die Dinge klar erkennen kann, wird genügend Motivation da sein, um es durchzuziehen. Alles andere funktioniert nur unter Druck, und das kennen Sie bereits aus Ihrem eigenen Leben: Auf Druck folgt immer Gegendruck! Passen Sie gut auf sich und Ihre Erziehungsmethoden auf. Hier ist natürlich das Alter der Kinder zu beachten.

Kinder den Eltern gegenüber: Dies ist ein relativ heikles Thema. Solange die Kinder noch klein sind, stellt sich diese Frage nicht. Erst in späteren Jahren und hier vor allem in der Pubertät geht es los. Da wünscht man sich oft andere Eltern. Dies zieht sich wie ein roter Faden ein Leben lang durch. Vielfach sogar mit Vorwürfen den Eltern gegenüber. Sprechen Sie Ihre Erwartungen aus! Checken Sie die der Eltern und jetzt kann nach einem Einvernehmen geschaut werden. Das Problem ist oft, dass die Fronten sehr verhärtet sind. Zu viele Emotionen vorhanden, dass eine Annäherung kaum mehr möglich ist. Oder die Eltern glauben, Kraft ihres Alters haben sie immer Recht und ihre Kinder seien nach wie vor klein. Ein kleines Kind, das man am besten dauernd bevormundet. Da liegt für viele Eltern leider eine große Befriedigung darin. In diesem Fall stecken Sie klare Grenzen. Haben Sie keine, aber wirklich keine einzige Erwartung mehr. Sie leben dadurch ab sofort wesentlich friedlicher und harmonischer.

Ehepartner erwarten viel: Eine der ganz großen Problemquellen sind Beziehungen. Was hier erwartet wird, erstaunt mich jedesmal aufs Neue. Der meiste Stress und der daraus resultierende Streit basieren genau darauf. Vor allem Frauen, haben eine zu hohe Erwartung an ihren Partner. So dass sie zwangsläufig immer wieder enttäuscht werden. Das kann gar nicht anders funktionieren. Keine Chance! Wie viel unnötige Tränen werden da vergossen? Das Klagen ist mehr als groß. Die armen Männer verstehen das Theater oft nicht. Sie werden mit Aggressionen, Vorwürfen, Tränen überschüttet und stehen buchstäblich wie der Ochs vor dem Berg. Denken Sie bitte daran, wie soll Ihr Gegenüber das verstehen? „Das weiß man doch, spürt man, ich bin auch nicht so!" Alles nur blabla. Die wichtigste, die allerwichtigste Aufgabe in einer Beziehung ist, klar die eigenen Wünsche, Träume und Sehnsüchte zu vermitteln. Richtig kommunizieren ist eine hohe Kunst, die nur die wenigsten Menschen beherrschen. Sie ist erlernbar mit der ganzheitlichen Rhetoriklehre. Wir erleben es häufig, dass die Teilnehmer in den Lehrgängen glücklich sind. O-Ton: „Ich hätte niemals gedacht, dass Rhetorik so tief in mein Inneres geht. Ich dachte, es geht nur um das Reden, dabei aber in erster Linie um meine innere Klarheit!"

Mitarbeiter der Firma gegenüber: Es ist nahezu unglaublich, welche Erwartungen viele Mitarbeiter an die Firma haben. Da spricht man vom Fremdkörper Firma. Obwohl man selbst ein Teil davon ist. Hegt die unmöglichsten Erwartungen, die sich einfach nicht erfüllen. Dadurch fängt der Groll an und dies führt oft zur inneren Kündigung. Wieso tun sich Menschen solch schreckliche Dinge an? Jahrelang weiter zu arbeiten, obwohl es einem zum „Kotzen" ist, wie stets betont wird. Sich oftmals ein halbes Leben lang mit einer Arbeit zu quälen, die nur noch anwidert. Das ist fatal, so mit sich selbst umzugehen. Warum ist man sich nicht mehr Wert? Auf diese Frage kommt oft die Antwort: „Ja, ich muss doch froh sein, dass ich überhaupt in der heutigen Zeit einen Job habe!" Alles schön und gut. Wie viel einfacher ist es ein gesundes Klima und eine persönliche Beziehung zu schaffen, in der man kommunizieren kann und darf. Quälen Sie sich nicht mehr! Das Leben, Ihr Leben, ist das Wertvollste was Sie haben. Verschleudern Sie es nicht. Ich höre schon einige Leser sagen: „Tja, der hat gut reden, so einfach ist das nicht!" Kein Mensch, auch ich nicht, hat jemals gesagt, dass die Dinge einfach sind. Nur, wenn Sie niemals Änderungen herbeiführen, wird alles bleiben wie bisher.

Chef dem Mitarbeiter gegenüber: Wie oft habe ich in Beratungen gehört: „Es gibt einfach keine vernünftigen Mitarbeiter!" Da muss ich ganz vehement dagegen halten. Nicht die Mitarbeiter sind das Problem, sondern die Chefs. Es gibt leider nur ganz wenig gute Chefs. Fast keiner hat ein klares und schriftliches Anforderungsprofil! Eine klare Aufgaben-, Motivations-, Förderungs- und Arbeitskultur. Alles wird mehr oder weniger aus dem Bauch heraus gemacht. Die größte Kultur, die in den meisten Firmen vorherrscht, ist das Chaos-Management! Was kann daraus entstehen? Doch nur weiteres Chaos! Folglich dürfen Sie gar nichts mehr erwarten. Seien Sie sich im Klaren, was Sie wirklich wollen und wie Ihre Mitarbeiter entsprechend anzuleiten sind. Wie schön, wenn Sie das kommunizieren und sich auch daran halten, was für viele aber ein Problem ist. Wenn Sie es machen, wird Ihr „Mitarbeiterbaum“ sehr viele Früchte tragen. Für beide Seiten ist es viel angenehmer und produktiver. Sollten Sie mit dem Mitarbeitermanagement Ihre Probleme haben, wie fast 98% aller Selbstständigen, buchen Sie unseren Mitarbeiter-Lehrgang. Hier erhalten Sie alle wertvollen Inputs zu Stellenausschreibungen, Bewerbungen, Vorstellungsgesprächen, Verträgen, Bezahlung, Motivation und vieles mehr. Es lohnt sich in der Tat, wie uns Lehrgangs-Teilnehmer immer wieder bestätigen.

Unter Freunden wird viel erwartet: Es zieht sich wie ein roter Faden durch alle Beziehungen hindurch: Erwartungen, Erwartungen noch und nöcher! Parallel dazu Enttäuschungen und nochmals Enttäuschungen. Fast immer sind die anderen schuld. So einfach machen sich viele die Spielregeln! Nicht die anderen sind es, sondern Sie ticken nicht ganz richtig. Haben Sie einfach keine Erwartungen mehr. Sie leben viel besser und ruhiger. Sagen Sie Ihren Freunden, was Sie gerne hätten. Sprechen Sie klar und deutlich die Dinge an, dann werden Sie sehen, ob Ihr Gegenüber bereit ist, Ihnen das zu geben. Wichtig dabei ist nur, falls es nicht so wird, dass Sie nicht in die Enttäuschung flüchten und womöglich noch trotzig reagieren.

Bürger dem Staat gegenüber: Der Staat soll für alles und jeden zuständig sein. Am besten man übernimmt gar keine Verantwortung. Wenn Steuern zu zahlen sind, ist das Lamento groß. Die Vollkaskomentalität hat dermaßen Einzug gehalten. Wer soll dies alles finanzieren? Selbstverantwortung übernehmen, lautet die große Devise: “Raus aus der Nassauerei!“

Lohnerwartung der Mitarbeiter: Die nächste, leidige Geschichte. Oft erwarten Mitarbeiter einen ganz bestimmten Lohn. Erwarten kann man natürlich, was man möchte. Die Frage ist allerdings, ob man das auch bekommt. Werden die Anforderungen der Firma erfüllt, muss auch immer über den Lohn gesprochen werden. Also nicht erwarten, dass da etwas kommt, sondern sich gezielt auf den Weg machen. Das Anforderungsprofil anschauen und die eigene Leistung dem gegenüberstellen. Jetzt sehen Sie genau, wie gut Sie wirklich sind. Wenn Sie so viel besser sind und Ihr Lohn tatsächlich zu wenig ist, müssen Sie sofort darüber in die Kommunikation gehen. Das dürfen Sie keinesfalls stehen lassen! Es kann ja tatsächlich sein, dass Ihr Chef gar nicht bemerkt hat, was für ein Hochkaräter Sie sind. Beweisen Sie es ihm! Wenn er immer noch zu wenig zahlt, müssen Sie einfach die Firma wechseln. Wenn Sie so gut sind, werden Sie woanders Ihre Honorarforderungen erfüllt bekommen.

Kundenerwartung: Kunden haben fast immer eine ganz bestimmte Erwartungshaltung dem Produkt, der Dienstleistung, dem Geschäft gegenüber. Werden Sie sich im Vorfeld darüber klar, was Sie genau wollen. Was sind Ihre Ansprüche und wo werden diese erfüllt? Beispiel: Sie fahren in Urlaub und erwarten ein erstklassiges Hotel, mit edlen Gästen und einem entsprechenden Service. Sie buchen aber ein zwei Sterne Hotel. Was wird passieren? Na klar, Ihre Erwartungshaltung wird nicht befriedigt und Sie werden Frust haben. Wenn Sie irgendeine Dienstleistung in Anspruch nehmen, klären Sie bitte im Vorfeld ab, ob die Firma imstande ist, diese Erwartungen zu erfüllen. Nur wer die Lehre der Rhetorik beherrscht, genau weiß was er will, das entsprechend kommuniziert, wird sein Ziel erreichen und endlich für immer die Erwartungsfalle verlassen.

Geschäftserwartung dem Kunden gegenüber: Was erwarten Geschäfte nicht alles von Ihren Kunden? Wenn es nicht wie vorgestellt funktioniert, heißt es schnell: „Die Kunden sind alle doof!“ Oder: „Die Leute haben keine Kohle mehr!“ Das ist seit der Einführung vom Euro, zum großen Sport geworden. Zu jammern, dass alles unbezahlbar geworden ist. Das bewirkt aber nur, dass alle glauben, dass dem tatsächlich so ist. Der Fehler liegt jedoch wie immer, beim Verursacher. Wenn ich ein Geschäft betreibe, muss ich klar kommunizieren, den Kunden sagen, was ich von ihnen erwarte und was sie tun müssen. Ich muss alle Marketingregister ziehen und nicht so kleine Einzelgeschichten durchführen, wie die meisten Unternehmer. Da wird zum Beispiel eine Anzeige gestaltet, und daraus erhofft man sich, den großen Durchbruch. Ist natürlich entsprechend enttäuscht, wenn dem nicht so ist. Das ist viel zu einfach, eine kleine Anzeige zu schalten und schon geht die Post ab. Kümmern Sie sich deshalb als Unternehmer intensiv um die Lehre des Marketings und setzen Sie diese konsequent, bis ins kleinste Detail um. Wissen Sie, was das Schöne daran ist? Sie können Ihren Erfolg gar nicht verhindern. Hier gibt es eine alte Marketingweisheit: „Du brauchst ein System, musst absolut konsequent sein und der Erfolg kommt zwangsläufig!“ Wenn Sie darüber mehr erfahren möchten, kontaktieren Sie uns einfach per Mail: crameri@crameri.de, per Telefon 06322-5734 oder Fax 06322-66071. Sie können erkennen, dass ich Sie gleich zum Handeln auffordere! Was würde sonst passieren? Sie würden sagen: „Ja, das ist interessant, ich müsste mich einmal darum kümmern!“ Das ist wie mit fliegenden Fischen. Kennen Sie das Phänomen der fliegenden Fische? Sie springen aus dem Wasser, man sieht sie kurz, sofort verschwinden sie wieder in der Tiefe und werden nicht mehr gesehen. Aus diesem Grund sind immer die Dinge sofort festzuhalten und umzusetzen. Erinnern Sie sich an die Erfolgsformel? Innerhalb von 48 Stunden anfangen!

Reagieren Sie offen

Ganz wichtig ist, wenn Sie klar kommuniziert haben, was Sie gerne hätten, dass Sie offen sind für das Feedback der Gegenseite. Sie müssen einen Platz schaffen, an dem sich jeder frei äußern darf. Über seine Wünsche sprechen kann, ohne gleich dafür in irgendeiner Form dumm angemacht oder sogar mit Vorwürfen überhäuft zu werden. Das ist mittlerweile zum großen Sport geworden. Ein Hauen und Stechen, anstatt jedem seine Art zu lassen. Manipulationen ohne Ende, das scheint alle zu befriedigen. Trotzdem hinterlässt es fast überall nur Frust und Elend. Es kann in solchen Gefechten keine Gewinner geben! Schenken Sie sich und Ihren Mitmenschen diese Vorgehensweise. Haben Sie Ihre Meinung und akzeptieren Sie auch die der anderen. Arbeiten Sie stets auf einem hohen Level. Es wird Ihnen und den anderen besser gehen, wesentlich besser. Sie haben ein stressfreieres Leben, ohne ewige Seelenqualen und Achterbahnfahrten.

Sie haben es in Ihrer Hand

Sie haben es wie immer in Ihrer Hand, können entscheiden, welche Einstellung Sie gerne hegen möchten und welche nicht. Die völlige Freiheit des eigenen Denkens, ist eine der traumhaftesten Einrichtungen unseres menschlichen Daseins. Nutzen Sie dies aus, stellen Sie sich nie mehr als Opfer dar, hören Sie endlich auf zu jammern und zu klagen! Siehe mein Buch: „Höre endlich auf zu jammern!“ Ändern Sie es, packen Sie es an!

Überschätzen Sie nicht, was Sie in kurzer Zeit erreichen können

Leider ist es eine der menschlichen Eigenschaften, oft zu überschätzen, was man in kurzer Zeit erreichen kann. Das Gegenstück dazu ist die Unterschätzung, was man über einen längeren Zeitraum alles bewegen kann, wenn man dran bleibt. Genau hier liegt das große Problem! Die meisten Menschen geben deshalb viel zu früh auf, anstatt entsprechendes Durchhaltevermögen an den Tag zu legen, und konsequent mit System daran zu bleiben.

Alles braucht seine Zeit

Das ist eine uralte Regel, die nach wie vor Gültigkeit hat. Genauso wie der Ausspruch: „Rom wurde auch nicht an einem Tag erbaut!" Bleiben Sie am Ball, setzen Sie Stein auf Stein, Tag für Tag. Wenn Sie das viele Tage, Wochen, Monate und Jahre durchgezogen haben, ist es zur großen Selbstverständlichkeit, zu einem Teil von Ihnen selbst geworden.

Geduld ist das Thema

Die meisten Menschen verlieren, weil Sie viel zu ungeduldig sind. Im heutigen Zeitalter von Internet hat das Ganze noch um ein Vielfaches zugenommen. Wenn es Schwierigkeiten gibt, nicht ganz so läuft, wie es sollte, wird sofort die Flinte ins Korn geworfen. Man gibt gleich auf. Eine der typischen Zeiterscheinungen diesbezüglich, sind die mehr und mehr zunehmenden Ehescheidungen. Mittlerweile werden wir erschreckender Weise immer mehr zu einer Gesellschaft der Aufgeber! Vieles ist für uns viel zu einfach geworden. Noch dürfen wir in einem Netz der sozialen Absicherung leben. Obwohl diese Form schon längstens nicht mehr finanzierbar ist. Wir müssen uns bereits heute in 2006 fragen, wie lange diese Vollkasko-Einrichtung noch Bestand haben wird?

Aussaat und Ernte

Sie kennen es, kennen es wirklich. Nur müssen Sie endlich dazu stehen. Sie wissen ganz genau, dass Sie nur das ernten werden, was Sie gesät haben. Nicht mehr und nicht weniger. Da nützt das schönste Denken nichts. Genauso wenig wie das Hoffen, Bibbern und Bangen. Sie sollten sich stets im Vorfeld, bevor Sie überhaupt etwas tun, Gedanken darüber machen, was Sie wirklich wollen und ernten möchten. Überprüfen Sie was zu tun ist, damit Sie da hingelangen. Die meisten machen es genau umgekehrt, man hat seine Vorstellungen, mehr oder weniger, macht und tut einfach. Da dies jedoch sehr ungenau ist, kann das Endresultat auch nicht genau sein. Folglich ist man wieder erschüttert und findet das Leben ungerecht. Dabei ist es ganz einfach zu strukturieren. Genau deshalb ignorieren es die meisten Menschen. Sie tendieren lieber dazu, es mehr als kompliziert zu gestalten.

Dranbleiben

Bleiben Sie wirklich dran! Solange Sie leben, sollten Sie Ihre Ziele verfolgen. Sie müssen trainieren, jeden Tag aufs Neue. Es ist Ihr kostbares Leben, machen Sie eine Meisterleistung!

Nicht beirren lassen

Lassen Sie sich von niemandem beirren. Auch nicht von sich selbst. Sie werden eines Tages sehr glücklich und dankbar darüber sein. Stolz auf sich, auf das Geschaffene und auf Ihr unendliches Durchhaltevermögen. Sie werden zum Vorbild für Ihre Kinder, sollten Sie welche haben. Diese werden sehr glücklich sein. Genauso für andere Menschen. Leider gibt es viel zu wenig gute Vorbilder auf Erden. Werden Sie eines davon und zeigen Sie durch Ihr Sein, was man alles erreichen kann, wenn man an sich glaubt. Geben Sie dem Leben etwas zurück, das ist schlussendlich die Aufgabe jedes einzelnen Menschen. Nicht einfach nur fordern, sondern auch geben.

In der permanenten Wiederholung liegt die Kraft

Ich habe ganz bewusst immer und immer wieder Wiederholungen eingebaut. Eine der uralten Erfolgsformeln lautet: „In der permanenten Wiederholung liegt die Kraft!“ Nur wer täglich übt und nochmals übt, wird ein Meister werden. Wer denkt alles bereits zu können, hat verloren!

Otto Normalbürger

Sieht die ewigen Wiederholungen als unnötig an. Ihm sind sie eher lästig. Wie heißt es so schön? „Ich bin doch nicht blöd!“ Klasse, oder? Damit sagen Sie klar, dass Sie tatsächlich blöd sind. Wissen Sie wieso? Weil unser Unterbewusstsein das Wort „nicht“ einfach nicht kennt. Vielleicht sind Sie jetzt schon wieder ungläubig und sagen: „Was soll der Blödsinn?“ Ich beweise es Ihnen: Lehnen Sie sich kurz zurück, entspannen und denken bitte nicht, ja nicht, auf gar keinen Fall an den Eifelturm! Eine klare Botschaft, dass Sie nicht an den Eifelturm denken sollen. Was ist passiert, was sehen Sie vor Ihrem geistigen Auge? Na klar, den Eifelturm! Obwohl Sie nicht daran denken sollten. Sie haben keine Chance, Ihr Unterbewusstsein ist immer stärker.

Erfolgreiche tun es

Sie tun es, weil Sie wissen, dass es zum Erfolg führt und nichts anderes. Wieso sind Sie so lange in die Schule gegangen? „Weil ich musste!“ ist die Antwort hierauf. Ein Wahnsinn, so lange in die Schule zu gehen, um danach ein wenig Lesen, Schreiben und Rechnen zu können. Natürlich, ein paar andere Disziplinen werden auch noch abgedeckt. Das war es dann bereits.

Beseelt, es zu erreichen

Sie müssen ganz ganz fest überzeugt sein, Ihre Ziele zu erreichen. Benötigen einen unerschütterlichen Glauben. Schauen wir uns einige erfolgreiche Menschen an. Ohne deren festen Glauben an Sieg, hätten Sie es niemals geschafft.

Michael Schuhmacher: Unser Ausnahme-Rennfahrer! Beherrscht er sein Auto? Aber ja doch, mit einer Zielgerichtetheit, einem Eifer und riesigen Durchhaltevermögen. Obwohl es zeitweise ausschaut, als hätte sich die ganze Welt gegen ihn verschworen. Er glaubt an sich, lässt überhaupt keinen anderen Gedanken aufkommen. Obwohl er schon eine sehr lange Durststrecke hat und das letzte Jahr eine reine Katastrophe für ihn war. Da hätte Otto-Normalbürger gleich aufgegeben, mit dem Spruch: „Das habe ich nicht nötig, muss ich mir wirklich nicht geben!" Erfolgreiche denken da ganz anders.

Nationalelf: Können die Jungs Fußball spielen? „Klar doch," werden Sie gleich erwidern. Natürlich, da haben Sie völlig Recht, es sind die besten Spieler aus ganz Deutschland, die da zusammengezogen werden. Wieso müssen die üben, wenn sie zu den Besten zählen? Damit sie noch besser werden, den Olymp des Erfolges endgültig erklimmen. Gestern Abend sind sie Dritter bei der Weltmeisterschaft in Deutschland geworden. Sie waren nahe dran, hätten es fast gepackt. Ein Hauch hat noch gefehlt. Geben sie nun auf? Sicher nicht! Was werden sie in Zukunft tun? „Ja was wohl," werden Sie jetzt sagen. „Die werden weitermachen, üben und üben!" Für was denn? „Damit sie es nächstes Mal schaffen!" Sehen Sie es glasklar, ohne Wenn und Aber. Es gibt nur eins: Weitermachen! Wieso machen Sie es Tag für Tag nicht auch?

Justus Franz: Ist er bekannt, ist er gut? Er zählt zu den Top-Persönlichkeiten. Ich hatte das große Vergnügen, ihn bei einem Hotelaufenthalt kennen zu lernen, mit seinem Team von über 76 Musikern. Wissen Sie, was diese den ganzen Tag gemacht haben? Sie haben geübt, von früh morgens bis tief in die Nacht hinein. Obwohl alle studierte Musiker sind, man davon ausgehen kann, dass Sie imstande sind, gute Musik zu machen. Fortlaufend haben sie wieder von vorne angefangen. An allen Ecken und Enden gefeilt, um besser und besser zu werden. Traumhaft, so ein großes Engagement miterleben zu dürfen.

Roger Federer oder Boris Becker: Als Schweizer mit Herz und Seele, führe ich natürlich einen Schweizer Top-Tennisspieler ins Feld. Wir könnten aber auch Boris Becker nehmen. Er gehörte zu den Topspielern aller Zeiten. Roger Federer ist noch mitten drin. Was treibt diese Menschen an? Nur der eine Gedanke, vorne dabei zu sein, zu gewinnen! Was tun Sie alles dafür? Haben Sie das schon einmal verfolgen können? Sie üben, üben und üben, immer wieder. Jeden Tag aufs Neue!

Was tun Sie

„Kommt darauf an!" Ich weiß, kenne diese Form von Antworten zur Genüge. Die Frage ist, ob Sie ein Meister werden wollen oder nicht. Wenn ja, setzen Sie sich ein. Verfolgen Sie Ihre Ziele konsequent und dies bedingt permanente Wiederholung. Bis Sie am Ziel sind und dann geht es weiter. Ein Leben lang, bis Sie das Ende einläuten, nicht mehr wollen.

Eine traumhafte Hilfe sind eigene Collagen

Um im Leben voranzukommen, gibt es einige sehr nette und vor allem nützliche Hilfen. Es gilt diese zu kennen und konsequent anzuwenden. Wissen alleine genügt bei weitem nicht. Das kennen Sie sicherlich? Eine dieser großartigen Hilfen sind farbige Collagen. Als Kinder haben Sie sich öfter damit beschäftigt, als Erwachsener wurden Sie wohl bisher kaum damit konfrontiert.

Das ist Blödsinn

Sie haben natürlich aus Ihrer Sicht völlig Recht. Auch ich habe damals, als ich das erste Mal damit konfrontiert wurde, genau das Gleiche gesagt. Mich sogar darüber lustig gemacht. Das war jedoch im Nachhinein nichts anderes als Unsicherheit, Ängstlichkeit und eine Portion Dummheit. Ein brisantes Gemisch, was mich viele Jahre daran gehindert hat, klar und deutlich mein Leben zu erkennen.

Geistige Vorstellungskraft

Diese schafft Wirklichkeit! Eine uralte Weisheit, die permanent bestätigt wird. Wenn Sie heute ein Haus bauen wollen, haben Sie zuerst in Ihrem Geiste klare Vorstellungen. Dann gehen Sie damit zum Vollprofi, der das Ganze erstmals zu Papier bringt. Jetzt können Sie es sich anschauen, reinfühlen und leichter zu einer Entscheidung kommen, ob es so richtig ist, oder noch einige Änderungen vorgenommen werden müssen. Mit einer Collage ist es nichts anderes.

Wunschgemälde

Es geht hier um Ihr Wunschgemälde, was gleichzusetzen ist mit Ihrem Wunschleben. Sie müssen ein klares Bild Ihres zukünftigen Lebens besitzen. Das kann man nicht einfach nur im Bauch haben. Ein wenig im

Gefühl, wie es sein könnte. Darauf folgt die Aussage: „Es wäre ja schon schön!“ Damit raube ich mir bereits einen Großteil der Erfüllungsmöglichkeiten. Das zieht automatisch Energie ab, die Sie dringend für eine konsequente Umsetzung benötigen.

Visionen

Halten Sie Ihre Visionen fest. Bringen Sie alles farblich zu Papier. Am besten gleich im größtmöglichsten Format, mindestens jedoch DIN-A3. Sie können malen, oder schneiden aus Katalogen Ihre Wunschbilder aus. Diese kleben Sie auf Papier. Passen Sie dabei auf, dass Sie nicht zum Perfektionismus neigen. Hängen Sie Ihre Collage an einem Ort auf, wo Sie diese immer sehen. Lassen Sie sich jedes Mal aufs Neue davon inspirieren.

Mentales Training

Stellen Sie sich die Wunschsituation vor. Geben Sie Gefühl rein, lassen Sie es nachklingen. Wie fühlt es sich für Sie an? Vertiefen Sie das Gefühl immer mehr und mehr. Es muss und wird mit der Zeit so stark sein, als wäre es bereits vollendet. Ein Glücksgefühl durchströmt Ihren Körper! Sie fühlen sich beflügelt und beseelt. Tauchen Sie immer wieder genau in dieses großartige Gefühl ein. Ihre Gefühlsebene ist ein wesentlich größerer Motivator, als Ihr Verstand.

Glauben Sie daran

Wenn Sie nicht daran glauben und folglich nicht handeln, wird es nichts. Dann gelangen Sie einmal mehr zur selbst erfüllenden Prophezeiung: „Ich habe es genau gewusst. Das kann nicht funktionieren. Ich habe Recht gehabt!“

Seien Sie offen

Das ist ein ganz wichtiger Schritt: Offen sein für neue Dinge! Nicht gleich hingehen und alles ablehnen. Ich gehörte viele Jahre zu denen, die fast alles abgelehnt haben. Wenn ich es nicht kannte, kein Grundmuster dafür in mir hatte, war es nichts. Schade, denn dadurch ist mir manches nicht erspart geblieben. Nun denn, es nützt nichts über die Vergangenheit zu klagen. Ich hatte es irgendwann gerafft und wende es seitdem mit viel Erfolg an. Tun Sie es auch, geben Sie sich die Chance!

Nicht alles glauben

Sie müssen deshalb nicht alles glauben. Bleiben Sie ruhig weiterhin „ein ungläubiger Thomas!“ Das ist nicht schlimm, nur geben Sie sich die Möglichkeit, die Dinge zu erforschen. Überprüfen Sie alles, hören auf Ihr Bauchgefühl und Sie werden viele schöne, außergewöhnliche Momente erleben.

Lassen Sie sich coachen

Ich kann mich nur einmal mehr wiederholen, machen Sie es den Erfolgreichen nach. Holen Sie sich einen Coach, lassen Sie sich durch einen Profi intensiv trainieren. Sie kommen wesentlich weiter in Ihrem Leben, als alleine herum zu wurschteln. Verlassen Sie den Pfad, auf dem Sie alles alleine machen wollen. Ihr Leben ist viel zu kurz, alle Erfahrungen auf mühsamste Art und Weise selbst zu sammeln.

Holen Sie sich einen Coach

Das ist das Natürlichste und Normalste auf dieser Welt. Wenn man es weiß, und damit umgehen kann. Es muss fest zum eigenen Leben dazu gehören und entsprechend integriert sein. Basteln Sie nie mehr selbst herum. Wozu denn, wenn es professionelle Hilfe gibt!

Hilfe ist ganz legitim

Otto-Normalbürger meint leider nach wie vor, alles mit sich alleine ausmachen zu müssen. Sich Hilfe holen beim nächst Besten, oder innerhalb der Familie. Das ist alles gut und recht, nur führt das in der Regel nie zum Durchbruch. Die meisten Menschen sind leider negativ eingestellt und haben sehr oft von der Thematik her keine Erfolge.

Beispiele von Hilfe

Sie machen doch auch sonst nicht alles alleine. Oder gehören Sie zu den so genannten Allroundgenies? Ich glaube nicht, ich denke eher, dass Sie letztlich sehr weltlich sind. Hier einige Beispiele, direkt aus dem Leben:

Was tun Sie bei den Steuern? Vielleicht gehören Sie zu denen, die hier selbst rumbasteln und zum Finanzamt gehen. Oder Sie holen sich einen Steuerberater, der Ihnen helfen kann.

Was tun Sie bei Zahnschmerzen? Welch blöde Frage, denken Sie jetzt sicherlich. Natürlich, man geht zum Zahnarzt. Was denn sonst? Es ist eine absolute Selbstverständlichkeit und hat sich bewährt, zum Profi zu gehen. Kein normaler Mensch behandelt sich bei Zahnschmerzen selbst.

Was tun Sie bei einem Knochenbruch? Gehen nach Hause, legen sich ins Bett und hoffen, dass die Knochen wieder zusammenwachsen. Natürlich nicht, sondern Sie gehen gleich zum Arzt und lassen sich professionell helfen. Das ist völlig legitim, vernünftig und selbstverständlich. Darüber braucht man überhaupt nicht nachzudenken.

Was tun Sie, wenn Ihr Auto nicht läuft? Wenn Sie sich auskennen, basteln Sie selbst daran herum. Ansonsten gehen Sie zum Profi, damit er alles wieder in Ordnung bringt. Es kostet Geld und normalerweise funktioniert es danach wieder.

Was tun Sie, wenn Sie in Urlaub fliegen möchten? Wenn Sie nicht gerade Pilot sind, eine eigene Maschine steuern, setzen Sie sich in einen Flieger und lassen sich von Profis an Ihr Ziel fliegen. Ganz ruhig sitzen Sie hinten drin und verlassen sich auf die Mannschaft.

Alle Erfolgreichen

Haben einen Coach, wie es auf Neudeutsch heißt. Oder wir bleiben bei der alten Bezeichnung, einen Berater. Siehe hier einmal mehr Michael Schuhmacher. Er wäre niemals finanziell so weit gekommen, hätte er nicht seinen Berater Willy Weber, der ihn managt. Synergie und Netzwerke sind das Thema! Das Leben ist komplex geworden, man kann und muss nicht mehr alles alleine wissen und tun.

Die Coach-Aufgaben

Ich erlebe es in vielen Gesprächen, dass man sich fürchtet, sein eigenes selbständiges Leben verlassen zu müssen, wenn man sich in die Hand eines Beraters oder Trainers begibt. Das ist natürlich völliger Blödsinn, wenn es richtig und seriös gemacht wird. Sie behalten auf alle Fälle Ihre

Autonomie. Die würde kein seriöser Coach auf dieser Erde antasten. Er lässt Ihnen Ihre persönliche Freiheit, bei allen Entscheidungen und Handlungen. Ist ausschließlich beratend, fördernd tätig und hält Ihnen einen Spiegel vor, damit Sie sich selbst erkennen können. Der Rest obliegt Ihnen. Kein Coach wird sauer sein oder nachtragend, wenn Sie manches nicht umsetzen.

Fördern und fordern

Das ist die allerwichtigste Aufgabe, Sie zu fordern, damit Sie Ihre eigenen Grenzen verlassen und zu neuen Ufern streben. Sie zu fördern, weil in Ihnen noch viel mehr steckt. Sie sind zu mehr fähig, als Sie glauben. So geht es den allermeisten Menschen. Die eigenen Grenzen sind viel zu eng abgesteckt. Dank der Erziehung und durch uns selbst. Diese gilt es zu öffnen und zu erweitern. Dann kommt die Forderung dazu, endlich aufzuwachen und das Leben in die eigenen Hände zu nehmen.

Kriterien für den Besten

Es gibt mittlerweile so viele Coachs auf dem Markt, es werden zusehends mehr und mehr. Alle möchten das große Geld verdienen. Dabei kann man die meisten vergessen. Sollte sich jetzt jemand direkt angesprochen fühlen, werden Sie einfach nicht so gut sein. Ansonsten müssten Sie diese Aussage unterstreichen können. Hier einige Kriterien, was einen guten Coach ausmacht:

Sehr erfolgreich sein: Ihr Coach muss etwas vorweisen können, erfolgreich sein. Dies ist ein klares Zeichen dafür, dass er die Dinge richtig versteht, imstande ist, sie entsprechend erfolgreich umzusetzen. Er muss seinen Erfolg hieb und stichfest nachweisen können.

Etwas bewegt haben: Nur wer selbst in seinem Leben etwas bewegt hat, kann andere Menschen bewegen. Alles andere ist theoretischer Kram! Solche Berater gibt es noch und nöcher. Mittlerweile gibt es Institutionen, die die Menschen zum Coach ausbilden. Hauptsache diese sind von der Straße. Das ist natürlich haarsträubend!

Aus der gleichen Branche kommend: Sie möchten Erfolg im Beauty & Wellnessbereich haben und Ihr Coach ist Metzgermeister. Glauben Sie, er weiß wie Beauty & Wellness funktioniert? „Ganz bestimmt nicht!" werden Sie mit Recht sagen. Branchenfremde haben einfach keine Ahnung. Aus diesem Grunde macht es keinen Sinn, dass Ehemänner ihre Frauen coachen, was wir übrigens sehr oft erleben. Wer keinen Erfolg in der Branche hat, weiß schlicht und einfach nicht, wie sie funktioniert. Da nützt alles schön Denken und Reden nichts!

Einen Namen haben: Ihr Coach muss einen Namen in der Branche besitzen. Man muss ihn wahrgenommen haben. Was nützt Ihnen ein Anfänger, der gerade frisch von der Schule kommt und es jetzt einmal ausprobieren will? Das ist zum Scheitern verurteilt. Immer mehr Menschen versuchen in dieser Branche schnell die große Kohle zu machen.

Mindestens schon 20 Jahre auf dem Markt: Sie können wirklich nur von einem alten Hasen lernen. Auch wenn jetzt bestimmt ein Aufschrei durch die Coach-Reihen geht. Wer mindestens zwei Jahrzehnte auf dem Rücken hat, kann auf einen großen Erfahrungsschatz zurückgreifen und hat vor allem auch eines bewiesen: „Durchhaltevermögen!" Das ist genau das, was Erfolgreiche auszeichnet. Ohne Durchhaltevermögen, hat man keine Chance auf dem Markt!

Als Autor tätig sein: Wer erfolgreich ist, hat etwas zu sagen und das wird er tun. Wird seinen Erfolg auf dem Weg dahin mit anderen teilen wollen. Setzt sich hin und ist als Fachautor tätig. Sei es, dass er Bücher schreibt oder zumindest Fachartikel. Wer noch nichts publiziert hat, kann nicht sehr viel zu sagen haben! Für viele einmal mehr eine provokative These. Wer es sich überlegt, kommt zwangsläufig zum gleichen Ergebnis. Ebenso sollte er erfolgreiche Vorträge halten.

Eine Gratis-Lektion anbieten: Auch das gehört zu einem guten Coach, dass sein eventuell zukünftiger Mandant, nicht die Katze im Sack kaufen muss. Ihm die Möglichkeit bietet, die Art und Weise des Coachings kennen zu lernen, um in Ruhe zu einer Entscheidung zu gelangen. Ein guter Coach hat nichts zu verstecken.

Entscheidungen treffen

Erst wenn Sie alles ganz genau überprüft haben, sollten Sie eine Entscheidung fällen. So ein Coaching ist eine sehr persönliche Angelegenheit und baut voll und ganz auf Vertrauen. Da muss wirklich alles stimmig sein. Schließlich kostet es Ihr Geld und Ihre Zeit. Das Ganze mit dem Ziel: Ihren Erfolg!

Dauer des Coachings

Es kann ein Einmal-Coaching sein oder für ein Projekt, das sich über Wochen, Monate oder Jahre hinzieht. Es gibt auch lebenslange Verbindungen. Sie als Auftrageber entscheiden ganz alleine über das Mandat.

Wenn Sie mehr darüber wissen möchten

Wenn Sie das Thema Coaching interessiert, kaufen Sie ab Frühjahr 2008 mein neuestes Buch zu dem Thema: „Nimm Dich in acht, vor den so genannten Coaches!“

Was stärkt und was hindert Sie

Langsam aber sicher nähern wir uns dem Ende. Hier geht es um die Zusammenfassung. Was Sie wirklich stärkt und schwächt. Je genauer Sie das herausfinden, umso mehr haben Sie gewonnen. Passen Sie bei dem Ganzen gut auf sich auf. Sorgen Sie unbedingt dafür, dass Sie sich treu bleiben. Denn ein Verstoß dagegen ist das Schlimmste, was man sich selbst antun kann.

Eine Gratwanderung

Im wahrsten Sinne, ist das Ganze immer eine Gratwanderung zwischen gut drauf sein, gestärkt und genau dem Gegenteil. Oft ein Wechselspiel! Hier müssen Sie dringend Abhilfe schaffen und Sorge tragen, dass Sie permanent auf einem hohen Niveau arbeiten. Achten Sie dabei auf Ihren Flow-Bereich!

Jammertanten und -onkels

Vor diesen Menschen sollten Sie sich hüten, auch wenn das für den ein oder anderen ein wenig abgedroschen klingen mag. Es hilft Ihnen ungemein, Ihre Energie für sich zu behalten, wenn Sie solche Menschen meiden. Schwierig wird es natürlich, wenn Sie Haus und Bett mit so einer Person teilen. Hier müssen Sie sich klar abgrenzen! Da nützt auch die ewige Diskutiererei nichts mehr, wie manch einer glaubt. Die meisten Menschen haben Ihre Grundtendenzen und behalten diese bei.

Autosuggestion

Dies ist ein großes Thema, sich selbst zu programmieren. Wenn Sie es nicht tun, machen es andere. Arbeiten Sie ganz fest an sich, dass Sie dies in Griff bekommen. Selbstbeeinflussung, als einer der größten Kräfte zu Ihrem freien und erfolgreichen Leben.

Hörbücher

Eine schöne Hilfe sind Hörbücher. Damit können Sie sich überall weiterbilden. Auf Erfolg konditionieren! Es gibt so viele Momente, in denen Sie sonst nichts anderes tun können, zum Beispiel beim Autofahren. Da bleibt Ihnen nur das Fahren und die Konzentration auf die Straße. Wie schön, wenn Sie sich während der Fahrt oder im Stau weiterbilden können. Eine großartige Erfindung, die uns zu Hilfe kommt. Siehe hierzu auch meine Hörbücher unter www.crameri.de.

Mantras

Mantras oder Gebete, die einen wiederkehrenden Wortlaut haben, dienen der Vertiefung. Durch monotone Wiederholungen gerät man in einen tranceähnlichen Zustand, in dem der Verstand nicht mehr die gleiche Präsenz aufweist und der Zugang zum Unterbewusstsein offener ist. Ein Traum, um sich zusätzlich vorwärts zu beamen. Die Kirche nutzt hierzu die Wiederholungen im Gebet.

Erfolg bringt Erfolg

Dies ist eine uralte Regel! Da wo schon viel ist, kommt noch viel mehr hinzu. Genau so, wo wenig ist, wird es immer weniger. Verschreiben Sie sich deshalb lieber dem Erfolg und verfolgen Sie ihn konsequent, ohne nach rechts und links zu schauen. Es ist Ihr Leben und Ihr Erfolg!

Ihre Lebenszeitkalkulation

Passen Sie auf sich und Ihr Leben auf! Es ist zeitlich begrenzt und Sie befinden sich im Moment nicht bei der Generalprobe, sondern bereits bei der Uraufführung. Das ist das, was viele immer wieder vergessen. Es ist nicht gut, und man schadet am meisten sich selbst, mit dieser fatalen Einstellung. Leider leben viele Menschen, als hätten Sie ein ewiges Leben. Dem ist aber nicht so. Wir sollten uns lieber vorher und zeitlebens damit befassen.

Die Lebenserfahrung zeigt

Wir können, wenn alles gut geht, zirka 80 Jahre alt werden und noch älter. Viele müssen jedoch wesentlich früher sterben. „Das ist weiter auch nicht schlimm!" sagen einige nun vielleicht. „So lange es mich nicht selbst trifft!" Falls doch, sieht es allerdings ein wenig anders aus.

Ausgangsbasis

Wir wissen nicht genau, wie lange wir hier auf Erden sein dürfen. Können es uns anhand der Zahlen ausrechnen, um überhaupt ein Gefühl dafür zu entwickeln. Daraus lernen: Die Wichtig- und Dringlichkeit, nie mehr auf irgendwann zu verschieben!

Ihre Zeitrechnung

Jetzt können Sie in aller Ruhe Ihr Alter, das noch vor Ihnen liegende Leben ausrechnen und sich darüber Gedanken machen. Damit wir rechnen und Ihnen ein lebendiges Beispiel aufzeigen können, nehmen wir einfach eine 40-jährige Person. Sie sollten gleich im Anschluss Ihr Leben ausrechnen!

Sie können 80 Jahre alt werden	
Heute sind Sie	**40 Jahre alt**
Voraussichtliche Lebenszeit noch	**40 Jahre**

Ist das viel oder wenig, 40 Jahre? Auf den ersten Blick scheinen 40 Jahre eine ganze Menge zu sein. Wenn Sie aber bedenken, wie schnell ein Jahr vorbei ist, es geht rasend schnell. Fragen Sie sich einmal, wo die letzten 5 Jahre geblieben sind? Wo die letzten 10 Jahre? Weg, einfach nur weg. Aus und vorbei! Erfolgreiche möchten es noch genauer wissen und gehen ins Detail. Sie rechnen die Monate aus:

Voraussichtliche Lebenszeit	**40 Jahre**
Dies sind genau	**480 Monate**

Wie fühlt es sich jetzt für Sie an? 480 Monate werden schon greifbarer. Wo 40 Jahre noch unendlich lang und ewig erscheinen, sind Monate greifbarer. Wenn Sie bedenken, wie schnell ein Monat vorbei ist. Erfolgreiche möchten es noch genauer wissen, rechnen auch die Wochen aus.

Voraussichtliche Lebenszeit	**40 Jahre**
Dies sind genau	**2.080 Wochen**

Wie fühlt sich das jetzt für Sie an? Im Gegensatz zu 40 Jahren scheint es nicht mehr viel zu sein. Eine Woche ist gar nicht gigantisch und so viele sind es auch nicht mehr. Wenn Sie bedenken, wie schnell eine Woche vorbei ist. Erfolgreiche möchten es noch genauer wissen und rechnen die Tage aus.

Voraussichtliche Lebenszeit	**40 Jahre**
Dies sind genau	**14.600 Tage**

Spätestens hier sagen die meisten: „Das ist der Hammer, kann doch nicht sein! Ich dachte, ich hätte noch so viel Zeit zu leben und jetzt sind das gerade noch ein paar Tage!" Wenn Sie bedenken, dass Sie davon ein Drittel verschlafen, wird es sehr eng. Wie schnell ist ein Tag vorbei? Erfolgreiche möchten es noch genauer wissen:

Voraussichtliche Lebenszeit	**40**	**Jahre**
Dies sind genau	**350.400**	**Stunden**

ohne Berücksichtigung der Schaltjahre

Ich hoffe, dass es Ihnen jetzt wie Schuppen von den Augen fällt. Sie sofort ein Gefühl für Ihre Zeit haben. Da bleibt einfach nicht mehr viel. Es gibt ein paar Berufsoptimisten die behaupten, das wäre ja ganz immens, noch so viele Stunden zu haben. Einige andere sagen, dies weiß ich aus Erfahrung: „Das ist völliger Blödsinn und reine Theorie!" Da haben Sie natürlich Recht. Es ist reine Theorie und eines Tages wird sie Wirklichkeit.

Nur keine Angst

Die Lebenskalkulation soll Ihnen keine Angst machen. Sie einfach nur wachrütteln, damit Sie aufwachen und wissen, dass es Ernst ist. Es jetzt gilt und nicht irgendwann. Sie endlich all die Dinge, die Sie schon lange tun wollten, angehen.

Jetzt anfangen

Fangen Sie heute noch an! Warten Sie nie mehr. Nur diejenigen, die das Lebenssystem nicht verstehen, warten bis in alle Ewigkeiten. Eines Tages werden Sie es wie die meisten bereuen. Traurig oder vielleicht sogar zornig sein, über all die verpassten Chancen und Gelegenheiten. Passen Sie auf sich auf, dass Sie niemals in diese Falle laufen!

Tod als feststehende Größe

Er ist die einzige, feststehende Größe in unserem Leben. Bei unserer Geburt war gleich ein Schein dabei, auf dem stand: „Mach dir keine Sorgen, wir holen dich wieder!" Das was dazwischen ist, nennen wir Leben. Wie das Leben wird, ob großartig, erfüllend oder frustrierend, liegt ausschließlich in unserer Hand. Wir haben alle Möglichkeiten mitbekommen und leben weit unter den Fähigkeiten, die uns zur Verfügung stehen. Das ist besonders schade, weil in der Regel viel Frust dazu kommt. Wie schön, wenn man zeitlebens angefangen hat zu Leben.

Geiz frisst Hirn

Eine der ganz schlimmen Krankheiten. Sie kommt gleich nach der Verschieberitis. Das große Motto lautet heutzutage: „Geiz ist geil!" Das Gegenteil ist jedoch der Fall. Vor allem, wenn es um die eigenen Belange geht. Sie sollten sich selbst gegenüber nie geizig sein. Dafür haben Sie nicht Ihr Leben geschenkt bekommen, um nachher zu knausern. Vor allem niemals bei der eigenen Fort- und Weiterbildung.

Konsum

Wir sprechen hier nicht von den Gütern des täglichen Bedarfs. Sondern von neuem Konsum und den daraus resultierenden Konsumschulden. Das ist der heutige, üble Zeitgeist. Deshalb sind immer mehr Menschen hoch verschuldet und landen in der Insolvenz. Das ist fatal, hier gilt es sehr aufzupassen!

Konsumschulden

Sind die dümmsten Schulden, die ein Mensch überhaupt machen kann. Diese bringen im ersten Moment Freude und Spaß, jedoch ist an die Abzahlung zu denken. Spätestens da hört für die meisten die große Freude auf. Dann wird es eng und problematisch.

Freude ja – Leid nein

Der Mensch ist nach einem ganz einfachen Prinzip aufgebaut: Freude ja und möglichst um jeden Preis! Leid gilt es unter allen Umständen zu vermeiden und sei es, dass Konsumschulden gemacht werden, um da heraus zu kommen. Nur, das ist wie ein Bumerang, er kommt zurück und trifft mit umso härterer Wucht. Das tut Ihnen nicht gut, dieses Theater sollten Sie ganz dringend vermeiden und für immer aus Ihrem Leben verbannen.

Großzügig dem eigenen Wissen und Können gegenüber

Leider haben das die wenigsten Menschen drauf. Man schmückt sich mit tollen Klamotten, Schmuck, Autos, Reisen, Wohnungen und vielen äußeren Dingen. Nur Investitionen nach innen werden leider kaum beachtet, um nicht zu sagen außer Acht gelassen. Das ist dumm, mehr als dumm! Denn Sie selbst sind Ihr wertvollstes Kapital.

Investition in sich selbst

Das ist die beste aller Investitionen. „Investiere in Dein Wissen und Können und Du wirst Unsterblichkeit erreichen!" Je mehr Du weißt und kannst, desto intensiver bist Du imstande, den Menschen das zu geben, was diese benötigen. Erfolgreich können nur die sein, welche anderen Menschen eine außergewöhnliche Dienstleistung bieten.

Man kann nie genug wissen

Das ist das große Thema. Spare niemals und sei nie, nie und nimmer Deinem Wissen und Können gegenüber geizig. Lerne, lerne soviel Du nur kannst, nach dem Erfolgsprinzip: „Seminare, Seminare von der Wiege bis zur Bahre!" Dieses kann Ihnen keiner mehr nehmen oder streitig machen. Sie können es sofort gewinnbringend für sich und andere anwenden.

Lernen ist nicht nur auf die Schulzeit beschränkt

Für viele hört das Lernen nach der Schule völlig auf. Das ist großer Blödsinn. Wir sprechen heutzutage von „long-life learning!" Lebenslanges Lernen, das ist die Zukunft. Wer glaubt, dass er ausreichend gelernt hat und fertig ist, der ist in der Tat fertig.

Fangen Sie an

Bevor Sie in Zukunft wieder Geld für irgendetwas ausgeben, fragen Sie sich ernsthaft, ob das nötig ist und was es Ihnen bringt. Fragen Sie sich sofort, was kann ich mit dem gesparten Geld alles für meine Qualifikationen tun? Wenn Sie so vorgehen, liegen Sie goldrichtig und Ihnen geht es dadurch viel besser, als je zuvor. Qualifizierte und sozial kompetente Menschen werden überall benötigt.

Sich etwas gönnen

Auf diese Vorschläge höre ich sehr oft: „Ich will mir auch etwas gönnen!“ Na klar, können Sie doch. Bevor man sich etwas leistet, sollte man vorher immer etwas leisten. Wer sich viel leisten kann, hat einfach viel geleistet, oder die Vorfahren. Es ist sicherlich schöner für Sie, eine wesentlich höhere Qualifikation zu erreichen, mehr geben zu können und dadurch automatisch mehr zurückzubekommen. Dadurch können Sie sich wiederum ganz andere Dinge leisten. Glauben Sie mir, Sie werden viel mehr Freude haben, weil Sie es sich erarbeitet haben und nicht auf Pump abzahlen müssen.

Lassen Sie sich coachen

Fangen Sie so schnell wie möglich damit an. Sie brauchen einen Mentor, jemanden der für Sie da ist, mit Ihnen den Weg des Erfolges geht. Jemand Kompetentes! Lassen Sie sich angenehm überraschen was passiert, wenn Sie erstmal richtig loslegen.

Sie sind das Problem

Wenn Sie das endlich erkennen, wird vieles einfacher. Ab diesem Zeitpunkt übernehmen Sie sofort Verantwortung für Ihr Leben und das ist einer der wichtigsten Schritte. Sie werden nie mehr anderen Menschen die Schuld geben, für die eigene Unfähigkeit. Das kann es wahrhaftig nicht sein. Wenn das alle Menschen klar erkennen würden, ginge es der Menschheit wesentlich besser und unser Zusammenleben wäre harmonischer.

Ändern Sie Ihre Einstellung

Das ist meistens ein großes Problem. Leider haben Sie bis zum heutigen Datum nach den alten Regeln gelebt. Sich an Abläufe gewöhnt, dass es natürlich kein leichtes Unterfangen wird, Ordnung rein zu bekommen, für ein neues und ganzheitliches Leben. Tun Sie es, und warten Sie nicht mehr. Schießen Sie sich auf Ihr neues Leben ein! Sie werden wesentlich glücklicher mit sich selbst sein und auch mit Ihren Mitmenschen.

Heute noch

Fangen Sie heute damit an! Jetzt gleich treffen Sie die Entscheidung, die Dinge so anzugehen, dass Sie da hinkommen, wo Sie schon immer hin wollten. Mit täglicher und konsequenter Übung ist das kein Problem. Das Schwierigste ist die Zeit, bis man eine Entscheidung getroffen hat.

Bleiben Sie dran

Weiter und weiter, Tag für Tag, immer wieder üben und nochmals üben. Wenn Sie denken, dass es soweit ist, üben Sie nochmals eine Runde, noch eine und noch eine. Bleiben Sie ein Leben lang dran. Wer aufgibt, hat verloren!

Pflichtprogramm und Kür

Die meisten Menschen haben am liebsten nur die Kür. Weil diese Spaß macht und angenehm ist. Nur, das ist einfach nicht das wahre und richtige Leben. Vergleichbar mit Licht und Schatten, dies gehört einfach zusammen. Nehmen Sie das Licht für die Kür und den Schatten für die Pflicht. Je mehr Sie das Prinzip verstehen, desto besser und leichter geht es Ihnen. Sie haben es in der Hand, in Ihrer eigenen Hand. Werden Sie sich darüber bewusst und freuen Sie sich. Sie können jederzeit den Schalter umkippen, für ein neues Leben!

Pflicht und Kür

Vergleichbar mit dem Eiskunstlauf. Es gibt einen Teil der steht fest, und einen freien, wo sich die Eiskunstläufer voll und ganz ausleben können. Kein Eiskunstläufer würde sich jemals über das Pflichtprogramm beklagen. Tun Sie es bitte auch nicht! Mit jeder negativen Äußerung schwächen Sie am meisten sich selbst. Wollen Sie das wirklich? Ich kann es mir nicht vorstellen, dass dies ein gesunder und positiv eingestellter Mensch mag.

Pflicht

Ist genau das, was die meisten Menschen am liebsten auslassen würden. Die schönen Dinge, ja und zu jeder Zeit! Die unschönen Dinge, bitte nein, und wozu auch? Nur das Leben ist so aufgebaut, dass beides zusammengehört. Je mehr Sie sich dagegen sträuben, desto schwieriger und schmerzhafter wird es. Wenn Sie sich den Pflichtaufgaben stellen, werden Sie sich daran gewöhnen und es wird zum festen Teil in Ihrem Leben. Eines steht fest: Nach der Pflicht kommt die Kür, danach wieder die Pflicht und so weiter.

Kür

Welch schöne und traumhafte Momente, nach der Pflicht die Kür laufen zu dürfen. Frei zu sein für das, was das eigene Herz begehrt. Genießen Sie es in vollen Zügen! Seien Sie sich trotzdem in dieser Phase bewusst, dass die Pflicht wiederkehren wird.

Durchhaltevermögen

Durchhaltevermögen ist die wichtigste Ausgangsbasis, um zum Erfolg zu gelangen. Die Tendenz heutzutage ist, bei den ersten Schwierigkeiten aufzugeben. Nur so gelangen Sie niemals zu anderen Ufern. Keine Chance, Sie werden immer am gleichen Ort bleiben. Sie haben das Buch gekauft, weil Sie der Titel angesprochen hat. Jetzt ziehen Sie es bitte durch! Auch wenn Sie sich vielleicht wesentlich mehr aufs Aufgeben spezialisiert haben.

Der Gewohnheitseffekt

Das Schlimme am Aufgeben ist, dass es zum Gewohnheitseffekt kommt. Man gewöhnt sich daran und gibt bei der kleinsten Unstimmigkeit lieber gleich auf. Gewohnheitseffekt und Komfortzone gehören schlussendlich in die gleiche Familie und sind übel. Setzen Sie dem Spuk ein Ende. Lassen Sie sich nie mehr darauf ein. Sie sollten es sich wert sein, solche Spiele nicht mehr mit sich selbst zu spielen. Nie und nimmer!

Sie packen es

Wenn kein Mensch auf dieser Erde an Sie glaubt, dass Sie es packen, ich glaube voll und ganz an Sie. Sie haben das Zeug, erfolgreich zu sein! Halten Sie alles aus, gehen Sie da durch und Sie werden automatisch Vermögen erlangen. Das können Sie gar nicht verhindern. „Geben Sie nie, nie, niemals auf!“

Vermögen bedeutet

Bei Vermögen denken die meisten Menschen, es handelt sich dabei immer um Geld. Das ist völlig falsch. Bevor Sie überhaupt richtig zu Geld kommen, müssen Sie zuerst mehr Wissen und Können erlangen. Wenn Sie diese neuen Komponenten einbringen können, werden Sie viel zurückbekommen. Falls Sie jedoch die gleiche Nummer wie immer fahren, können Sie es vergessen. Das ist das uralte Prinzip von Aussaat und Ernte. Sie werden immer nur das erhalten, was Sie investieren.

Wissenserweiterung

Das ist ein wichtiger Punkt. Sie können nie genug wissen! Machen Sie es sich zur ganz großen Aufgabe, Ihre Wissensspeicher permanent zu füllen. Sie werden sehr dankbar dafür sein. Schauen Sie sich einmal realistisch die Situation an: Ihnen kann man alles nehmen, Ihr komplettes Hab und Gut, Ihr ganzes Vermögen. Ihr Wissen behalten Sie solange Sie leben. Das kann Ihnen keiner nehmen, außer man würde Sie töten.

Könnenserweiterung

Je mehr Sie Ihr Wissen erweitern, desto mehr Können erlangen Sie. Wir müssen uns stets im Klaren sein, Wissen alleine nützt nichts. „Erst konsequent angewandtes Wissen führt langfristig zum Erfolg!" Lesen Sie den Satz bitte nochmals genau durch. Konsequentes Anwenden führt langfristig zum Erfolg! Sie müssen es anwenden, konsequent und über einen sehr langen Zeitraum. Erst dadurch gelangen Sie an Ihr Ziel. Alles andere wäre nur einmal mehr reiner Selbstbetrug. Den können Sie sich wahrlich schenken!

Finanzielles Vermögen

Zu guter Letzt wartet auf Sie das finanzielle Vermögen. Das sind die Früchte Ihrer Arbeit. Diese dürfen Sie in vollen Zügen genießen und sich daran erfreuen. Denken Sie bitte: „Vor dem Preis steht der Fleiß!" Beantworten Sie für sich, ob das in Ordnung ist und ob Sie bereit sind, diesen Weg zu gehen.

Gib nie, nie, nie, niemals auf

Der Begriff Aufgeben darf ab sofort nicht mehr in Ihrem Vokabular auftreten. Das was Sie anfangen, ziehen Sie unbedingt durch! Das muss zu Ihrer Lebensmaxime werden. Sie müssen sich auf sich selbst verlassen können!

Wer aufgibt, hat verloren

Diese Aussage finde ich großartig. Wenn Sie aufgeben, haben Sie wirklich verloren und das ist sehr schade. Das kann nicht Ihr Leben sein: Dieses „Aufgeberleben!" Dafür sind Sie nicht auf die Welt gekommen und haben bis dato alles auf sich genommen.

Noch einen Tag

Sollte es ganz schlimm kommen, dass Sie sagen müssen „Ich halte es nicht mehr aus!" arbeiten Sie nach dem Prinzip: „Nur noch einen einzigen Tag!" Wenn der nächste Tag kommt, sagen Sie sich wieder das Gleiche. So beamen Sie sich von Woche zu Woche. Sie kennen es bereits aus Ihrem Leben, irgendwann kommt der Moment, wo es endlich aufwärts geht.

Ihr Coach hilft Ihnen

Genau in diesen Momenten ist ein Coach da, hilft Ihnen, diesem Gefühl nicht nachzugeben, bestärkt Sie weiterzumachen und durchzuhalten. Alleine oder mit der Familie heißt es schnell einmal: „Ich habe es dir gleich gesagt!" Das sind fromme Sprüche, die dermaßen motivieren, dass das Aufgeben nicht mehr weit entfernt ist.

Sie kennen sich

Das ist die beste Ausgangsbasis. Sie kennen sich selbst am allerbesten. Wissen ganz genau, ab wann Sie in Gefahr sind. Kennen Ihre Schwachstellen, folglich beugen Sie vor. Bauen sich einen Schutzwall, damit es nicht soweit kommt.

Schwächen haben

Ist wahrlich keine Schande. Das ist weiter nicht tragisch. Viel mehr lautet die Frage: Wie gehe ich damit um? Kommen Sie unbedingt weg von der Blauäugigkeit. Sehen Sie den persönlichen Tatsachen ins Auge. Getreu dem Motto: „Gefahr erkannt, Gefahr gebannt!“

Abschlusswort

Ich danke Ihnen von ganzem Herzen, dass Sie mich bis hierher begleitet haben. Danke, dass Sie die manchmal penetrante und wiederholende Art ausgehalten haben. Das zeigt mir und hier vor allem Ihnen, dass Sie sehr wohl Durchhaltevermögen besitzen. Sie ein Gewinner und Macher sind!

Wenn Sie Hilfe benötigen, es irgendwo klemmt, gerne sind wir für Sie da. Schicken Sie uns eine E-Mail, ein Fax oder einen Brief. Auch über einen Anruf von Ihnen freuen wir uns sehr.

Sie finden auf unserer Homepage immer die aktuellen Seminare, zu diesem sehr wichtigen Thema und zu weiteren aktuellen, lebensbejahenden und fördernden Schulungen.

Sie können selbstverständlich auch ein Privat-Coaching buchen. Das Leben ist einfach viel zu kostbar, um teilweise mühevoll selbst zu optimalen Lösungen zu gelangen.

Herzlichst

Ihr Ernst Crameri

Dienstleister CRAMERI-NATURKOSMETIK GmbH

Crameri-Naturkosmetik hat sich im Laufe der letzten 30 Jahre zum umfassenden Dienstleister entwickelt. Sie haben die Möglichkeit, vieles aus einer Hand zu erhalten.

Hier eine kurze Übersicht:

- Behandlungen
- Bücher
- Coaching
- Events
- Lehrgänge
- Naturkosmetik-Herstellung
- Naturkosmetik-Schönheitsfarm
- Trendsetter-Schulungen
- Vorträge

Behandlungen

Es gibt wohl nichts Schöneres auf der Welt, als anderen Menschen etwas Gutes zu tun. Schöne, liebevolle Behandlungen mit reinen Naturkosmetikprodukten, ohne Farb- und Konservierungsstoffe, frei von synthetischen Zusätzen. Absolut rein natürlich! Mit dem BDIH Prüfsiegel, dass es sich um „reine Naturkosmetik-Produkte" handelt.

Behandlungen von Kopf bis Fuß, warten auf Sie:

Füße

Sie tragen uns ein ganzes Leben lang. Gehen mit uns durch dick und dünn! Wie wir mit ihnen umgehen, ist oftmals mehr als sträflich. Anstatt den Füßen das zu geben, was diese benötigen, zwängen wir sie lieber in zu hohe, enge und spitze Schuhe. Es muss schließlich gut ausschauen. Hauptsache, das äußere Erscheinungsbild wird gewahrt. Wehe in späteren Jahren, wenn die Füße ausgepackt werden. Deformationen ohne Ende, in den verschiedensten Formen, ist das Ergebnis der Modetorheit, wo Schuhe nach dem Kopf anstatt nach den Füßen gekauft werden. Hier die einzelnen Behandlungsformen für Ihre Füße:

Energetische Fußbehandlung
Fuß-Eisbehandlung
Fuß-Gymnastik
Fuß-Lifting
Fuß-Masken
Fuß-Massage
Fuß-Microbehandlung
Fuß-Packungen
Fußpflege

Wenn Sie das Thema interessiert und Sie gerne etwas für Ihre Fußgesundheit tun möchten, kaufen Sie das Buch: „Hilfe, wieso quälst Du Deine Füße!"

Beine

Unendlich viele Menschen klagen über ihre Beine: Schwere, müde Beine übersät mit Krampfadern oder/und Cellulite. Vieles lässt sich durch Vorbeugung und entsprechende Pflege vermeiden oder zumindest mildern.

Bein-Eisbehandlung
Bein-Lifting
Bein-Masken
Bein-Massage
Bein-Packungen
Bein-Training
Cellulite-Behandlung

Po

Viele sind nicht ganz so begeistert von ihrem Po. Durch entsprechendes Training und Behandlungen kann man eine sichtbare Veränderung herbeiführen.

Po-Eisbehandlung
Po-Lifting
Po-Masken
Po-Massage
Po-Packungen
Po-Training
Cellulite-Behandlung

Rücken

Viele Menschen klagen über Rückenprobleme, in den verschiedensten Formen. In erster Linie geht es darum, die Rückenmuskulatur auf natürliche Art und Weise zu lockern und danach entsprechend wieder aufzubauen.

Rücken-Eisbehandlung
Rücken-Lifting
Rücken-Masken
Rücken-Massage
Rücken-Microbehandlung
Rücken-Packungen
Rücken-Reflexzonenbehandlung
Rücken-Training

Bauch

Der Bauch als Schönheitssymbol, vor allem der Weiblichkeit. Ein schöner Bauch ist in der Tat etwas sehr ästhetisches. Dieser will erarbeitet sein! Vor allem auch während und nach der Schwangerschaft, gilt es die entsprechende Pflege zu beachten.

Bauch-Eisbehandlung
Bauch-Lifting
Bauch-Masken
Bauch-Massage
Bauch-Packungen
Bauch-Training
Cellulite-Behandlung

Busen

Wohl der weiblichste Körperteil. Oft in nicht passende Käfige gesperrt. Unternehmen Sie rechtzeitig etwas dagegen. Ein traumhafter Busen wird es Ihnen danken.

Busen-Eisbehandlung
Busen-Lifting
Busen-Masken

Busen-Massage
Busen-Packungen
Busen-Training
Busenvergrößerung und -verkleinerung
Cellulite-Behandlung

Arme

Was müssen unsere Arme alles erdulden? Viele Lasten tragen. Wir schenken ihnen so wenig Aufmerksamkeit. Schlaffe, unschöne Oberarme sind die Folge. Sowie Sehnenscheidenentzündung, Tennisarm u.v.m. Das muss nicht sein!

Arm-Eisbehandlung
Arm-Lifting
Arm-Masken
Arm-Massage
Arm-Packungen
Arm-Training
Cellulite-Behandlung

Hände

Sie sind die Visitenkarte des Menschen. An ihnen erkennt man auch das Alter. Sie arbeiten Tag aus Tag ein. Unermüdlich! Lassen Sie ihnen Gutes angedeihen.

Energetische Handbehandlung
Hand-Eisbehandlung
Hand-Gymnastik
Hand-Lifting
Hand-Masken
Hand-Massage
Hand-Microbehandlung
Hand-Packungen
Handpflege

Gesicht, Hals und Dekolleté

Immer allen Witterungen ausgesetzt. Tun Sie etwas für Ihr strahlendes Aussehen. Gepflegte Falten lassen Ihr Gesicht viel jünger aussehen! Dafür müssen Sie aber etwas tun.

Antlitz-Diagnostik
Gesichts-Eisbehandlung
Gesichts-Lifting
Gesichts-Massagen
Gesichts-Masken
Gesichts-Microbehandlungen
Gesichts-Packungen
Gesichts-Reflexzonenbehandlung
Lippen-Behandlung
Ohr-Behandlung

Kopf

Bei Kopfhaut- und Haarproblemen, Kopfschmerzen gibt es tolle Behandlungsmöglichkeiten, die für „Ihr" Wohlbefinden sorgen. Über den Kopf können Sie sehr viel für sich „selbst" tun!

Kopf-Eisbehandlung
Kopf-Lifting
Kopf-Masken
Kopf-Massage
Kopf-Microbehandlung
Kopf-Packungen
Kopf-Reflexzonenmassage

Bei all unseren Anwendungen erhalten Sie eine Menge Tipps, wie Sie von zu Hause aus, mit wenig Aufwand (Zeit und Kosten) sehr viel für sich und Ihre „Problemchen" tun können.

Bücher

Alle direkt live aus dem Leben geschrieben, mit einer klaren, deutlichen und unmissverständlichen Sprache. Theorien gibt es mehr als genug auf dem Markt. Was zählt sind praktische Hinweise und Inputs, die direkt in die Praxis umsetzbar sind. Das ist das, was die Menschheit benötigt! Vom Problem Engpass, direkt in die Lösung, ohne jahrelanges Gezedere.

Folgende Bücher sind bis jetzt erschienen:

Ein Millionär als Traumpartner

Der große Wunsch von Millionen, nach einer glücklichen und zufriedenstellenden Partnerschaft, wird für viele zur größten Lebensbelastung und -aufgabe. Das Buch hilft die Gedanken klar zu ordnen und zu überprüfen, was will ich genau für eine Partnerschaft. Darauf aufbauend strategisch vorzugehen, um es letztlich zu einem positiven Abschluss zu bringen. Mit dem Erfolg, in einer glücklichen und zufriedenen Partnerschaft zu leben.

Weitere Bücher die in Kürze erscheinen:

Höre endlich auf mit Deinem Gejammere

Das was die meisten Menschen abziehen, ist eine große Zumutung für sich selbst und auch für andere. Hier gilt es endlich Abhilfe zu schaffen, zum Wohle aller.

Wahrheit und Klarheit im Kosmetik- und Wellness-Institut

Das ist auch so eine nette Geschichte! Von den Anforderungen und Ansprüchen, die sehr oft weit auseinander klaffen. Das Buch schafft, von einem Insider geschrieben, endlich die nötige Transparenz für die Kunden, wie für die Behandler. Endlich weg vom Wellness-Nepp!

Du hast zu viele Erwartungen

Erwartungen und die daraus resultierenden Enttäuschungen, kosten sehr viel Lebensqualität. Schade, wenn man sich dessen nicht bewusst ist und nichts ändert. Das Buch hilft von der ersten Minute an, klar zu blicken und die Sachverhalte, Spiele und Intrigen für sich abzustellen.

Servicewüste Hotels

Welche Katastrophe da oft auf den Kunden wartet. Ein Aufklärungsbuch für Hoteliers endlich aufzuwachen und den eigenen Laden von der ganzheitlichen Seite zu durchleuchten. So vieles liegt im Argen und müsste wahrlich nicht sein. Für den Gast, dass er endlich seine Rechte erkennt und diese entsprechend einfordert.

Abschied von Deinem „vierbeinigen" Schatz

Welch unendlicher Schmerz und Tragödie sich dahinter verbirgt. Das Buch hilft besser klar zu kommen, um letztlich auch die richtige Entscheidung zu treffen. Als Unterstützung und Stärkung über das leider unvermeintliche Ende hinweg. Es ist ein sehr ergreifendes Buch, als Hilfe für alle Menschen, die vor der Entscheidung stehen: Was mache ich mit meinem kranken Tier? Einschläfern oder weiter leben lassen?

Hilfe, wieso quälst Du Deine Füße so

Merkst Du denn nicht, wie sehr sie leiden müssen, wegen „Dir?" All das nur, weil Du Dir die Schuhe nicht nach Deinen Füßen, sondern nach Deinem Kopf kaufst. Wie lange willst Du sie noch in dieser Form quälen? Möchtest Du wirklich, dass sie eines Tages ganz deformiert und hässlich ausschauen? Ist dies Dein Bild von Schönheit? Komm wach endlich auf und gib den Füßen das, was diese benötigen.

Zu den Büchern, die dieses Jahr noch erscheinen, und den anderen die in Planung sind, erhalten Sie Infos unter: www.bücherverlag.com. Oder abonnieren gleich kostenlos den Crameri-Naturkosmetik Newsletter. So erhalten Sie regelmäßig die kompletten Infos. Im www.crameriblog.de werden Sie auch von den Neuigkeiten in Kenntnis gesetzt.

Coaching

Seit 30 Jahren spezialisiert, andere Menschen zum Erfolg zu führen. Welch immens große, herausfordernde und spannende Aufgabe, die es täglich zu managen gilt. Stets aus dem Leben heraus zu coachen! Weg von jeglicher Theorie, immer die Praxis und das tägliche, schnelle Umsetzen, als oberste Priorität vor Augen.

Der Unterschied von privatem und geschäftlichem Coaching:

Privates Coaching
Die privaten Strukturen sind so mannigfaltig, wie es Menschen auf dieser Erde gibt. Die daraus entstehenden Probleme, sind eine Folge davon. Angefangen mit der partnerschaftlichen Situation: Bei den Eltern beginnend und sich über alle weiteren Partnerschaften hinaus erstreckend. Das Problem mit sich selbst klar zu kommen und vieles mehr.

Lebensfindung
Dies ist oft nicht so einfach: Festzustellen wer bin ich, wer bin ich wirklich? Wo soll es in meinem Leben hingehen? Sie haben nur dieses „Eine," folglich gilt es hier klar zur Selbstfindung zu gelangen.

Partnerschaft
Ist mit das Komplizierteste, was es auf dieser Erde gibt. Sie gehört als absolut fester Bestandteil zu unserem Leben. Im gleichen Atemzug bereitet sie uns viele Schwierigkeiten. Partnerschafts-Coaching als eine der wichtigsten Trainingseinheiten, auf dem Weg zu einer glücklichen und anhaltenden Beziehung.

Erfolg
Was ist Erfolg? Wie definiert es jeder einzelne für sich? Erfolg ist kein Geschenk des Himmels, sondern will vielmehr analysiert und danach

entsprechend umgesetzt werden. Mit einer absoluten Konsequenz, wie es letztlich nur das Coaching fertig bringt.

Geschäftliches Coaching

Um heutzutage richtig Erfolg zu haben, geht es kaum mehr ohne ein intensives und gut strukturiertes Coaching. Die Thematik des täglichen Geschäftsablaufs ist dermaßen komplex geworden, dass es dringend Not tut, sich hier coachen zu lassen. Komisch, im Sport ist es eine absolute Selbstverständlichkeit, dass sich die Sportler von einem Trainer coachen lassen. Es steht außer Frage, ob dies notwendig ist oder nicht. Genauso spielt auch das Geld diesbezüglich keine Rolle. Beim Business wird gespart und gehofft, dass es irgendwie mit dem Erfolg klappen wird. Nur auf Hoffnung lässt sich nichts aufbauen!

Erfolgstraining

Definition was geschäftlich zu erreichen ist und wie man mit entsprechenden Strategien dahin gelangt. „Wenn Du imstande bist, entsprechendes zu denken und zu wünschen, bist du auch in der Lage es umzusetzen!" Die große Frage hierbei ist immer, die der entsprechenden, passenden Strategie und deren konsequentes Einhalten.

Positionierung und Image

Welche Positionierung will ein Unternehmer auf dem Markt einnehmen? Daraus resultierend erfolgt immer das passende Image. Dies hat in keinster Art und Weise mit Glück zu tun, sondern will erarbeitet werden. Im Coaching die klare Herausarbeitung und danach die konsequente Umsetzung, bis hin zum gewünschten Erfolg.

Tägliches Coaching ist die Konsequenz

Es ist in der Tat die bestmöglichste Konsequenz für eine effiziente, schnelle und erfolgsorientierte Umsetzung. Tägliches Coaching zu einer festen Uhrzeit, gibt die nötige Sicherheit und Stabilität, nicht alleine zu sein! 24 Stunden auf den Profi zurückgreifen zu können.

Wo kann überall gecoacht werden

Es gibt wie nahezu immer im Leben mehrere Möglichkeiten, zum Erfolg zu gelangen. Offenheit und Kreativität sind gefragt.

Vor Ort

Was sehr gerne gemacht wird, ist das Grundcoaching oder die Analyse direkt vor Ort. In der Regel verbunden mit einer kompletten Firmenanalyse. Das hat den Vorteil, dass der Coach die gesamte Infrastruktur sehen kann. Sich ein besseres Bild über die notwendigen Maßnahmen verschaffen und daraus resultierend, für den Erfolg ableiten kann.

In Bad Dürkheim

Das ist der nächste Ort. An unserem Firmensitz, um sich die Anreisekosten für den Coach zu sparen.

Auf einer Reise

Es gibt auch einige, die sich gerne an ihrem Urlaubsort coachen lassen. Das eine tun und das andere nicht lassen. Dies ist natürlich der Königsweg!

Telefonisch

Nach dem ersten Kennenlernen, welches prinzipiell Grundvoraussetzung ist, ergibt sich sehr schön die Form des Telefoncoachings. So müssen beide nicht dislozieren. Es ermöglicht das tägliche Coaching, welches die optimale Ausgangsbasis ist, um täglich in großen Schritten voran zu kommen.

Events

Events sind immer eine ganz große Bereicherung, im Leben eines Menschen. Außergewöhnliche Dinge, die ihresgleichen suchen. Weit ab von der Normalität, geben sie uns wertvolle Inputs und die nötige Inspiration zu sehen, dass das Leben Fülle bedeutet! Es stets nur von uns selbst abhängt, was wir daraus machen.

1. Schönheitszug der Welt

Von den Gletschern zu den Palmen, mit der Dampfzugkomposition und dem Salonwagen aus der Belle Epoque. Welch stilvolles Reisen!

Kreuzfahrten

Hier liegt die Unterscheidung zwischen Fluss- und Meereskreuzfahrten. Auf den Flüssen, welch ein Traum, wenn die Landschaft langsam vorbei gleitet. Auf den Meeren, die unendliche Weite und die interessanten Häfen und Städte.

Privat-Jet

Welch ein großer Traum, sich mit dem Privat-Jet auf Reisen zu begeben. Siehe als Beispiel: Von Deutschland nach St. Moritz. Mit dem Auto benötigt man von Mannheim/Heidelberg aus im Schnitt 7 Stunden, wenn es gut läuft. Mit dem Zug genauso lange. Mit dem Privat-Jet ist dies eine Sache von 30 Minuten.

Lehrgänge

„Seminare, Seminare von der Wiege bis zur Bahre!“ Wissen und Können ist durch nichts zu ersetzen. Leider wissen dies immer noch viele Menschen nicht. Nach wie vor herrscht die Meinung, dass das einmal Erlernte ein Leben lang ausreicht. Machen Sie eine große Meisterleistung! Begeben Sie sich auf den Weg. Lernen Sie so viel wie möglich dazu. Ihr Leben wird dadurch eine ganz andere Qualität erhalten.

Die Lehrgänge sind aufgeteilt in reine Management-Lehrgänge, für die Optimierung der geschäftlichen Abläufe und Behandlungs-Lehrgänge.

Management-Lehrgänge

Professionell durchs Leben zu gehen, ist kein leichtes Unterfangen und will gelernt sein. Leider werden in sehr vielen Schulen und Ausbildungsstätten genau diese Bereiche ausgelassen. Vieles ist einfach zu sehr auf die Theorie ausgerichtet. Dies erzeugt unnötige Schwierigkeiten, in der erfolgreichen Umsetzung.

Internet-Auftritt

Täglich schnelles Umsetzen, ist die große Devise im Internet, mit den entsprechenden Plattformen. Leider kursieren hier die unterschiedlichsten Gerüchte. Verbunden mit Hoffnungen und zugleich Enttäuschungen. Ein guter Internet-Auftritt will überlegt sein und vor allem auch entsprechend gepflegt werden.

Mitarbeiter-Schulung für Chefs

Als Chef heutzutage Mitarbeiter entsprechend erfolgreich zu führen, ist eine der ganz großen Aufgaben, die nur wenigen gelingt. Ein Team zu begeistern und es gemeinsam zum angestrebten Ziel zu führen, ist eine der größten Aufgaben.

Mitarbeiter-Schulung für das Team

Ein Team, welches nicht regelmäßig geschult wird, gelangt nie zu Höchstleistungen. Die große Aufgabe für Chefs ist, intern die eigenen Leute zu schulen und unbedingt auch mit einem externen Trainer zu arbeiten. Da nützen kurzfristige Einmalschulungen überhaupt nichts, oder nur sehr wenig.

- Verkauf
- Behandlung
- Rhetorik
- Positive und erfolgsorientierte Lebenseinstellung

Positionierung und Image

Wie positioniere ich als Inhaber mich selbst, die Firma nach innen und nach außen? Oft kein leichtes Unterfangen! Es hat wahrlich nichts mit Zufällen zu tun, sondern will täglich neu ausgerichtet werden.

Zielgruppen-Analyse

Ein Instrument, welches sehr viele auslassen. Dabei gehört gerade die Zielgruppen-Analyse zum wichtigen und großen Erfolgsinstrument.

Kooperationen

Können Fluch und zugleich Segen bedeuten. Wichtig ist hier im Vorfeld, sich entsprechende Gedanken zu machen, mit wem es Sinn macht, eine Kooperation einzugehen und wo man es lieber lässt.

Gewinnspiele

Eines der Instrumente, um Neukundengewinnung zu betreiben. Dies gehört zum ganz großen Repertoire einer Firma. Zu wissen, wo und in welchen Plattformen es einen Sinn gibt, mit Gewinnspielen zu arbeiten.

Preispolitik- und Persönlichkeitsschulung

Ein Thema, wo sich viele Geister scheiden. Billig, billig ist für viele die Devise. Der Kunde kauft nur noch, wenn etwas billig ist. Dies ist ein großer Trugschluss. Der Kunde kauft gerne, er gibt dafür auch gutes Geld aus. Nur muss es für ihn einen Sinn geben. Das Problem hierbei sind die Dienstleister, die mit einer falschen Einstellung ins Rennen gehen.

Work-Life-Balance

Eine immense Aufgabe, sein Leben im Gleichgewicht zu halten. Immer mehr Menschen tun sich damit schwer und dies kann zu ernsthaften, gesundheitlichen Störungen führen. Auch wenn das viele nicht wahrhaben wollen. Somit gilt frühzeitig, den richtigen Ausgleich zwischen Arbeit und Entspannung umzusetzen.

Ganzheitliche Rhetorik

Rhetorik das gesprochene Wort, ist das Thema per se. Worte können aufbauen und zugleich zerstören. Wie wenig Menschen der Sprache mächtig sind, erlebt man Tag für Tag. Eine geschliffene Sprache will erlernt und geübt sein.

Behandlungs-Lehrgänge

- Arme
- Bauch
- Beine
- Busen
- Dekolleté
- Füße
- Ganzkörper
- Gesicht
- Hals
- Hände
- Kopf
- Po
- Rücken
- Trendsetter

Weitere Infos unter www.crameri.de

Trendsetter-Lehrgänge

Das Leben ist voll mit Dingen, die es schon an jeder Straßenecke gibt. Crameri-Naturkosmetik hat es sich zur Aufgabe gemacht, einmal im Monat eine neue Trendsetter-Behandlung ins Leben zu rufen. Zum Wohle der Behandler, die monatlich ihren Kunden neue Traumbehandlungen anbieten können. Dadurch auch eine wesentlich bessere Marktpositionierung erreichen. Mit klaren Alleinstellungsmerkmalen, die ihresgleichen suchen. Für die jeweiligen Kunden, eine spannende Abwechslung, im oftmaligen Einerlei.

Wellness-Buttermassage nach der Schweizer Methode Ernst Crameri

Welch wunderbare Behandlung, von Kopf bis Fuß, mit der speziellen Körperbutter aus dem Hause Crameri-Naturkosmetik. Eine Wohltat und ein feines Hautbild, als Resultat dieser ganzheitlichen Behandlung.

Entgiftungs- und Revitalisierungsbehandlung nach der Schweizer Methode Ernst Crameri

Entgiftung ist das A und O, für den menschlichen Organismus. Frei werden von Ballaststoffen und die Leichtigkeit des Seins zu spüren. Eine traumhafte Rückenbehandlung, die ihresgleichen sucht und für so viel Wohlbehagen sorgt. Sie müssen es einfach erlebt haben!

Klopf- und Eismassage nach der Schweizer Methode Ernst Crameri

Den gesamten Körper in kleinen Klopfmassageübungen zu behandeln, wirkt dermaßen belebend. Das spezielle Aloe-Eis sorgt für eine wunderbare Erfrischung und Stärkung. Ideal bei Abgespanntheit und in der Sommerzeit!

Viele weitere folgen

Das heißt, jeden Monat gibt es eine neue Trendsetter-Behandlung, die es Ihnen ermöglicht, immer absolut im Trend zu sein. Klares Abheben von den Mitbewerbern, sichert Vorsprung und dient der Existenzsicherung. Die jeweils neuesten Trendsetter-Behandlungen finden Sie unter www.trendsetter-behandlungen.de

Naturkosmetik Herstellung

Der große Traum einer eigenen, natürlichen und ganzheitlichen Naturkosmetik wurde 1990 verwirklicht. Reine, zertifizierte Naturkosmetikprodukte von Kopf bis Fuß. Für jung und alt, zur täglichen Pflege und Aufrechterhaltung der Haut, auch „Königsmantel" genannt! Eine klare Konzeption von Kopf bis Fuß, dient der Aufrechterhaltung, der so wichtigen Hautfunktionen.

BDIH kontrollierte Naturkosmetik

Dies war uns von Anfang an sehr wichtig. Um die absolute Transparenz zu schaffen, dass wir zu den Top Herstellern reiner Naturkosmetikprodukte gehören.

Vertrieb

Ausschließlich über den Fachhandel. Um die Produkte zu vertreiben, benötigt man mindestens das Basisseminar zum Beauty&Wellness-Spezialisten Block I. Es dient als Grundlage für das Verständnis der ganzheitlichen Naturkosmetikprodukte und deren speziellen Anwendung.

Vorträge

Wertvolle Inputs life aus der Praxis, sind eine Spezialität. Unverblümt und direkt begeistern sie die Zuhörer. Vorträge ohne mühsames Ablesen von Manuskripten. Frei von der Leber weg und direkt von Herzen kommend. Hier die verschiedensten Themen:

Erfolg

So viele Geheimnisse ranken um das Thema. Nach wie vor geistert in den Köpfen der Menschen die Vorstellung, dass man Glück haben muss. Des Weiteren müsste man einfach etwas erfinden und der Erfolg ist über Nacht da. Hier geht es um den echten und erarbeiteten Erfolg. Machen tun, machen tun ist das Thema und nichts anderes. Keine theoretischen Plattitüden, sondern eine glasklare und nachvollziehbare Erfolgssprache.

Kosmetik

Was ist das genau? Ein Vortrag der frontal aus der täglichen Praxis kommt, ohne wenn und aber. Klares Aufräumen von irgendwelchen Pseudovorstellungen, was Kosmetik alles bewirkt und was nicht. Menschlich von Herzen kommend, mit absolutem Verständnis für das, was die Haut wirklich benötigt und auf was verzichtet werden kann.

Behandlungen

Wie oft taucht der Wunsch auf, mehr über die verschiedensten Behandlungen zu erfahren? Was wichtig ist, bei der Unterscheidung für jeden Einzelnen, ihm gut tut und was nicht. Im Zuge des explodierenden Wellness-Marktes, wird es immer wichtiger, den Überblick zu behalten, um keine falschen Entscheidungen zu treffen.

Wer ist das Publikum, die Zuhörer

Wir unterscheiden klar zwischen dem Fachpublikum und dem Endverbraucher. Beide haben natürlich eine völlig andere Erwartungshaltung und damit auch Ausgangsbasis. Hier haben Sie die Wahl! Die Vorträge sind immer spezifisch auf die einzelnen Zielgruppen abgestimmt. Mit der klaren Vorgabe, der absoluten Zufriedenheit und Begeisterung.

Fachpublikum

Diese Zuhörer beschäftigt letztlich immer eines: Wie können wir unsere eigenen Kunden entsprechend zufrieden stellen, damit sie wieder kommen? Heutzutage kein leichtes Unterfangen, bei dieser in vielen Bereichen Überzahl an Mitbewerbern. Die Kunden sind wesentlich mündiger geworden und sehr schnell im Wechseln. Passt eine Dienstleistung nicht, gehen sie. Es wird einfach nicht mehr lange gefackelt. Intensive Vorträge direkt aus der Praxis, die ein sofortiges Umsetzen ermöglichen.

Endverbraucher

Wie gelange ich zum bestmöglichen Service für mein Geld? Was darf ich als Kunde erwarten, ist die eine Geschichte. Die nächste und schon wesentlich wichtigere, ist die Dienstleistungswüste. Aus diesem Grunde muss der Kunde heute ganz klar seine Forderungen stellen. Klar, konkret und vor allem auch unmissverständlich. Es geht in erster Linie um die Rechte als Kunde. Solche Vorträge aus der Praxis, finden sehr großen Anklang.

Vortragsorte

Es gibt viele Möglichkeiten, Vorträge zu halten. Der Fantasie sind buchstäblich keine Grenzen gesetzt. Die einzige Einschränkung ist die Fantasielosigkeit des Auftraggebers. Im Folgenden lassen Sie sich inspirieren. Beschreiten Sie neue Wege! Es lohnt sich und macht auf alle Fälle sehr viel Freude die üblichen Pfade von Seminarräumen in Hotels, oder in der Firma zu verlassen.

Auf Schiffen

Welch ein Traum, im schwimmenden Hotel, mit seinen Kunden unterwegs zu sein. Täglich eine neue Kulisse zu haben. Neue Städte zu besichtigen, zwischendurch an Deck zu gehen, schön essen und relaxen.

Privatschiff
Dies ist natürlich die Krönung. Es gibt sehr schöne Schiffe zu chartern. Sie bestimmen die Route, das Programm, die Mahlzeiten und vieles mehr.

Flußkreuzfahrtschiff
Sanft gleitet das Flussschiff den Wasserstrassen entlang. Die Landschaft zieht vorüber, immer wieder neue Perspektiven warten auf die Reisenden.

Hochseedampfer
Jeden Tag einen neuen Hafen anzulaufen, neue Länder und Menschen kennen zu lernen, macht sehr viel Spaß und Freude.

Luftseilbahn
In der Luftseilbahn, nur für die eigenen Leute, mit allem was erforderlich ist, gleiten Sie sanft den Berg hoch. Zwischendurch einen Stopp! Hier lässt sich sehr schön ein Vortrag oder gleich eine ganze Schulung verpacken.

Flugzeug
Von A nach B zu fliegen, mit den besten Kunden oder den Mitarbeitern. Während des Fluges einen Powervortrag zu hören, wirkt unendlich motivierend und inspirierend.

Auf dem Gletscher
Die Supervision um die Unendlichkeit der Bergwelt kennen und spüren zu lernen. Welch ein Megafeeling! Mit dem Hubschrauber werden die Teilnehmer auf den Gletscher geflogen. Dort ist alles bereits für den Vortrag vorhanden.

Skihütte
In einer einsamen Skihütte, nach Möglichkeit mit Bollerofen, kommt eine sehr gemütliche Atmosphäre auf. Die richtige Stimmung in der Einsamkeit der Berge, um ein optimales Training zu inszenieren.

Am Meer

Vorträge direkt am Meer bei Sonnenaufgang oder –untergang, welch einmalige und ergreifende Stimmung wartet hier auf die Teilnehmer.

Im Pool

Es ist Sommer, so richtig heiß, alle sind im Wasser und lauschen ganz gebannt dem Vortrag. Auch dies wiederum ein Erlebnis, welches so schnell nicht vergessen wird.

Im Kurpark

Es gibt sehr schöne Parks mit lauschigen Plätzchen, um sich einem intensiven Vortrag hinzugeben.

Im Bus

Es gibt traumhafte Busse, die sich sehr schön für einen Vortrag anbieten. Auch hier wiederum die Möglichkeit von A nach B zu fahren und die Zeit dabei optimal zu nutzen.

Im Zug

Wieso einfach nur im Zug sitzen und warten, dass man irgendwann ans Ziel gelangt. Als absolute Krönung ist natürlich eine eigene Dampfzugkomposition, mit Salonwagen aus der Belle Epoque, auf die Schienen zu bringen.

Messen

Bieten sich an, um die eigenen Kunden einzuladen und sie zusätzlich inspirieren zu lassen. Welch schöner Moment, im Messetrubel sich ein wenig zurück zu ziehen und einem Vortrag lauschen zu können.

Gründe: Vorträge zu halten

Hier gibt es natürlich einige. Was meistens gemacht wird, ist für die eigenen Kunden, als inspirierender Aspekt. Zur Wissenserweiterung, neue Produkte vorzustellen, bessere Vertriebsmöglichkeiten und vieles mehr.

Privat

Es gibt so manch privaten Anlass, wo es sehr schön ist, einen professionellen Sprecher bei sich zu haben, der über ein ganz bestimmtes Thema referiert. Geburtstagsfeiern, Jubiläen, Taufen, Hochzeiten, Haus- oder Wohnungseinweihung und vieles mehr.

Firmenanlass

Auch da sind keine Grenzen gesetzt. Angefangen von der Eröffnung, Jubiläen, neue Produkte, Auszeichnungen, Mitarbeiterzugehörigkeit, Umzug oder Vergrößerung. Auch hier vieles mehr, welches sich in einem festlichen Rahmen sehr schön einbinden lässt.

Sollten Sie diesbezüglich weitere Fragen haben, kontaktieren Sie uns einfach. Gerne stehen wir Ihnen zur Verfügung und freuen uns heute schon darauf, Sie bei uns begrüßen zu dürfen.